東京は郊外から消えていく!

首都圏高齢化・未婚化・空き家地図

三浦展

光文社新書

東京は郊外から消えていく！

目次

第1章　あなたの街がゴーストタウンになる！——14

第2章　発展する街・衰退する街はどこか？――65

第6章　郊外をゴールドタウンにする方法――183

地図・図版作製／デマンド

東京圏調査　調査概要

調査主体　（株）カルチャースタディーズ研究所

（株）リクルート　住宅カンパニー、ホットペッパーグルメリサーチセンター

調査実施　（株）ネットマイル

調査時期　２０１１年8月4～15日

調査方法　ネットマイルモニターに対するインターネット調査

調査対象　男性・女性・20～69歳５９３２人（埼玉・千葉・東京・神奈川および茨城県の一部在住者）

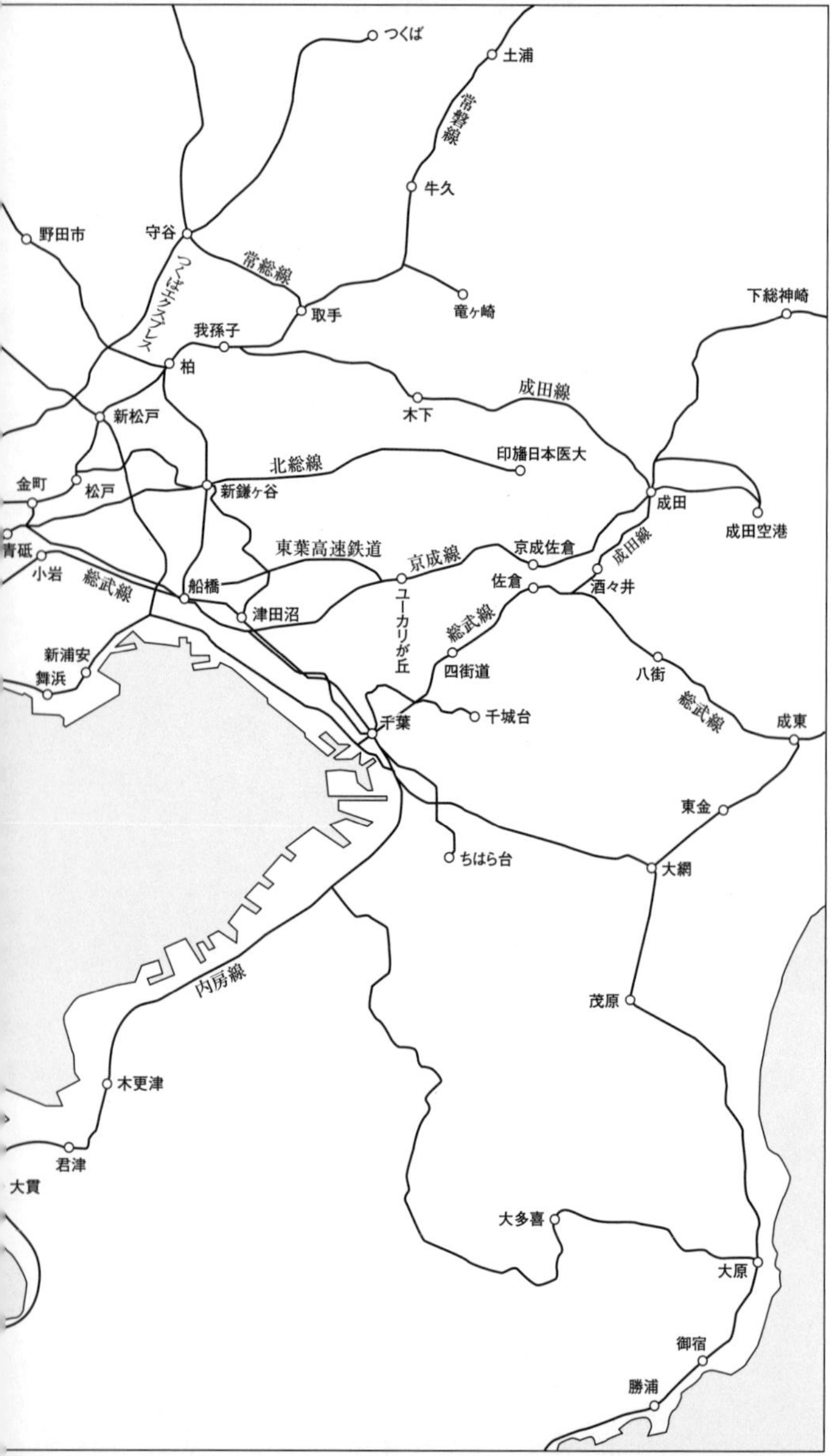

つくば
土浦
常磐線
牛久
野田市
守谷
常総線
つくばエクスプレス
取手
竜ヶ崎
下総神崎
我孫子
柏
木下
成田線
新松戸
印旛日本医大
北総線
金町
松戸
新鎌ヶ谷
成田
成田空港
青砥
小岩
総武線
東葉高速鉄道
京成佐倉
京成線
成田線
佐倉
酒々井
船橋
津田沼
ユーカリが丘
総武線
新浦安
舞浜
四街道
八街
総武線
千城台
千葉
成東
東金
ちはら台
大網
内房線
茂原
木更津
君津
大貫
大多喜
大原
御宿
勝浦

東京圏主要鉄道網図

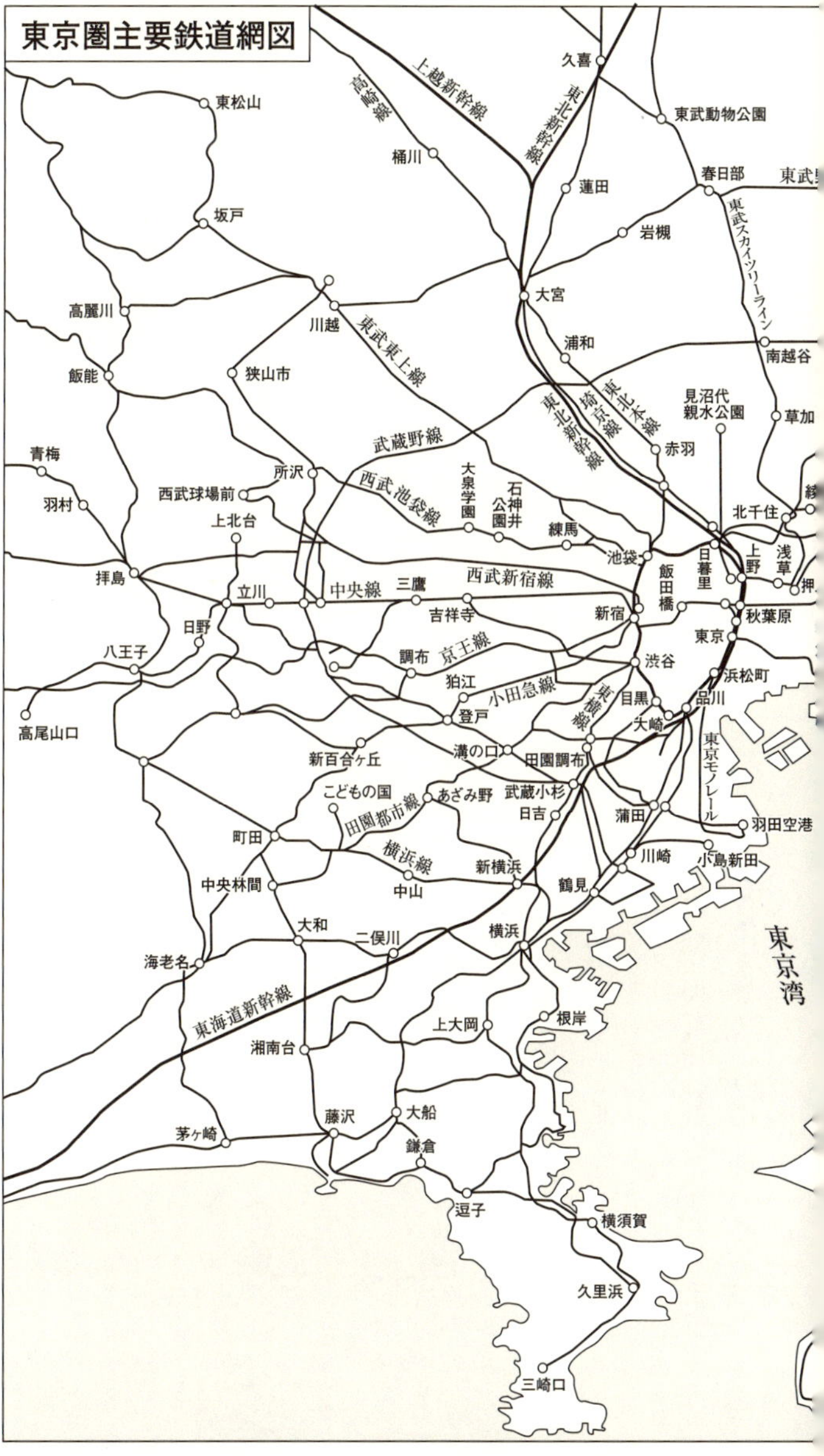

上越新幹線
高崎線
東北新幹線
久喜
東武動物公園
東松山
桶川
蓮田
春日部
岩槻
東武スカイツリーライン
坂戸
大宮
高麗川
川越
東武東上線
浦和
南越谷
飯能
狭山市
東北本線
埼京線
東北新幹線
見沼代親水公園
草加
武蔵野線
赤羽
青梅
所沢
西武池袋線
大泉学園
石神井公園
北千住
羽村
西武球場前
上北台
練馬
池袋
飯田橋
日暮里
上野
浅草
拝島
西武新宿線
立川
中央線
三鷹
吉祥寺
新宿
秋葉原
日野
東京
八王子
調布
京王線
渋谷
浜松町
狛江
小田急線
東横線
目黒
品川
高尾山口
登戸
大崎
東京モノレール
新百合ヶ丘
溝の口
田園調布
こどもの国
あざみ野
武蔵小杉
田園都市線
日吉
蒲田
羽田空港
町田
横浜線
川崎
小島新田
中央林間
新横浜
中山
鶴見
大和
二俣川
横浜
東京湾
海老名
東海道新幹線
根岸
上大岡
湘南台
大船
藤沢
茅ヶ崎
鎌倉
逗子
横須賀
久里浜
三崎口

第1章　あなたの街がゴーストタウンになる！

マンション300万円時代到来！

２０１２年３月、私は仕事で埼玉県の狭山《さやま》市を訪れた。ＵＲ都市機構埼玉支社管轄内の団地の今後を考える委員会の委員として、狭山市内の団地を視察に行ったのである。その団地には空き室が多いので、今後どうするかを検討する会議の一環としての視察であった。

団地をまわりながら、ふと空き室の郵便受けを見ると、中古マンション販売のチラシが入っていたので、手に取ってみた。

２ＬＤＫ、52平米のマンションだった。間取りもよく、夫婦２人で住むのにちょうどよさそうだった。子どもの独立したあとの夫婦が、一戸建てから住み替えるのに適当ではないかと思った。

しかし価格を見て、一瞬目を疑った。なんと３９０万円だったのだ！　１９７４年築、西武新宿線新狭山駅からバス10分と、決して便利な物件ではないが、総戸数７７０戸の大規模物件であり、管理が悪いとは思えない。キッチン、バス、トイレは数年前に交換されており、洋室の床のフローリングも壁紙も、数年前に替えられている。もう通勤をする必要のない定年後の夫婦で住むなら、駅まで遠いこともさほど問題ではない。それで３９０万円は安すぎないか？

そう思ったが、価格は市場が決めるもの。３９０万円でも高いと思う人が多数派だからこそ、チラシをまいて、なんとか売ろうとしているのだ。実際は３００万円を切るくらいまで下げないと売れないのかもしれない。もしかすると、いくら値段を下げても売れず、結局空き家になるかもしれない。

賃貸にまわすという手もあるが、管理費、修繕積立金、固定資産税を払ってもなお家賃収入が期待できる金額となると、家賃は４万円以上にしないといけない。しかし、築40年近い物件に月４万円払うなら、もっと新しい物件を買って、毎月８万円のローンを組む人のほうが多いだろう。そうなると、やはり空き家になる可能性が高い。

マイホームに資産価値がなくなる、いわば「クズ」になる時代が来ているのだ。770戸のマンションのうち、約30％の230戸が空き家になるかもしれない。1974年に35歳でマンションを買った人は、今、73歳である。15年たったら半数近くが亡くなるだろうから、30％が夫婦とも亡くなって空き家になってしまうかもしれない。実際すでに、UR都市機構の古い大規模団地で30％以上が空き家になっていることは珍しくない。65歳以上の高齢者率50％というところも珍しくなく、15年したらゴーストタウンになるだろう。

地価は20年で6割減、30年前に戻った

「地価公示」を見ると、この狭山台のマンションからほど近い狭山市狭山台の地価は、1984年には平米14万円だったが、バブルピーク時の1990年には30万円になり、その後はどんどん低下して、2011年は12・2万円である（地点の詳しい住所は割愛した）。20年ほどで約4割の価格に低下し、ほぼ30年前に戻ってしまったのだ。最近は、株価も30年前の水準にまで下がっているが、地価も30年前なのである（図1-1）。

郊外の地価は大体どこも、1992年から2011年にかけて5割から6割減である。千葉ニュータウンのある白井市にいたっては65％減である。バブル期に家を買った人は、家の

郊外ほど地価が下がり続けている

図1−1　公示地価の推移（1992年を100とした指数）

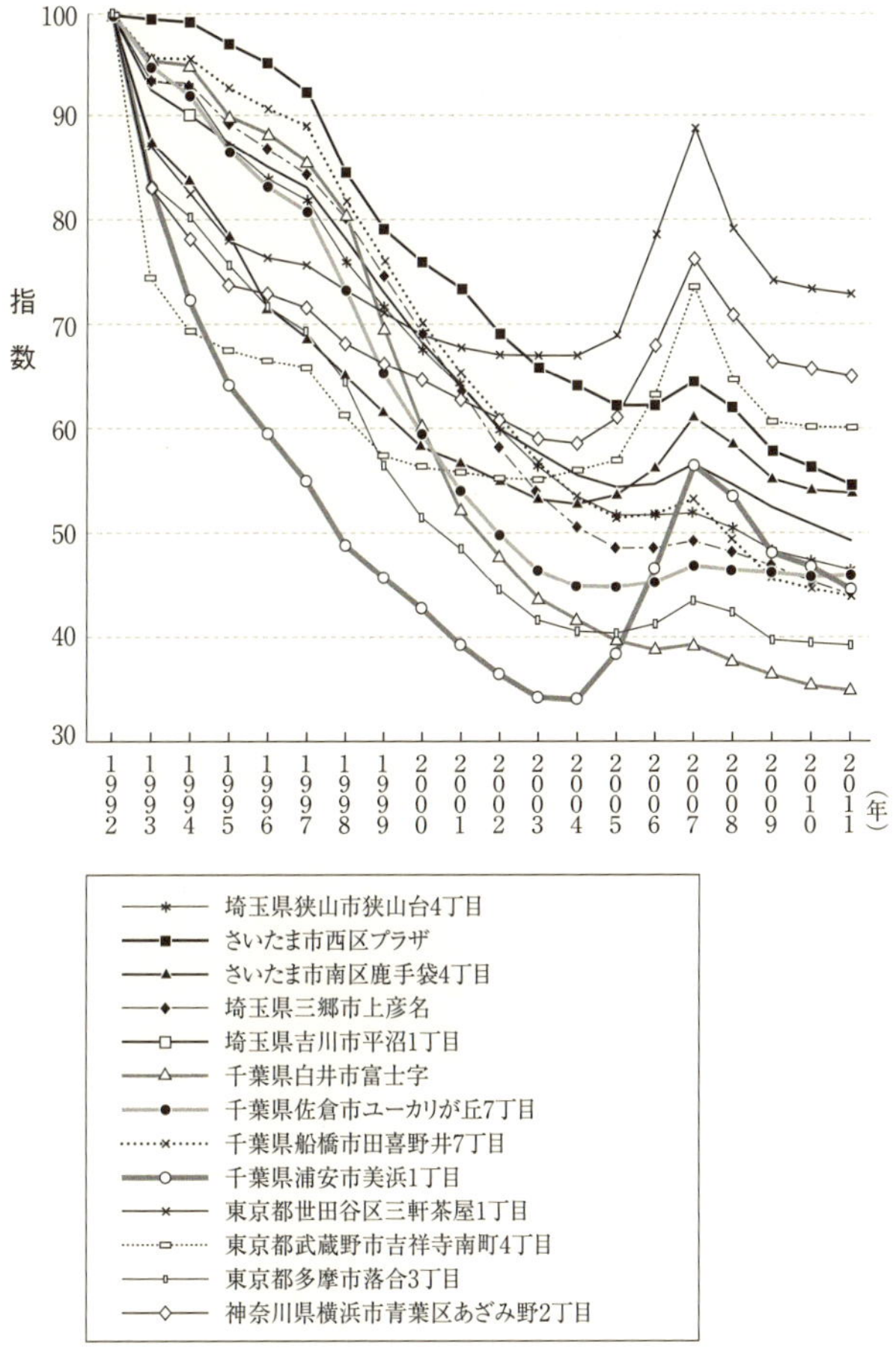

資料：国土交通省「地価公示」より作成

値段が半分以下か3分の1になっているのだ。

それに対して、世田谷の三軒茶屋だと27％減くらいで収まっている。東急田園都市線の青葉区あざみ野では35％減くらい。武蔵野市吉祥寺南町では4割減。これらと比べると、一般的な郊外住宅地の地価の下落率が高いことが明らかである。

買った家は、死ぬまで使っていけばいいし、使っていくしかない。とはいえ、25年とか30年とかのローンを払ってきて最後に残った家が、土地付きならまだしも、売るに売れないマンションだけだったとしたら、結構むなしいものがあろう。

実際、私の友人の親は、団塊世代で、神奈川県の郊外にマンションを買ったが、長い間ローンを払ってきて残ったものがこれだけかと思うと、やはりかなりむなしい思いがすると話しているらしい。

郊外住宅地がゴーストタウンになる

狭山台4丁目のように、土地が1平米12・2万円だと、先のマンションと同じ面積の52平米の土地を買うと634万円である。だから、52平米の中古マンションが390万円でもおかしくない。いや、むしろ高すぎるかもしれない。

また、バブル時代に土地を買った人は、３０００万円が１２２０万円になってしまったのだから、大損である。しかも、まだローンが残っている可能性が高い。

30年前に２４００万円で一戸建てを買って、25年ローンを払い終わった人がいたとすると、支払総額がたとえば４０００万円くらい。その後も25年住むとして、合計50年、６００カ月だから、１カ月あたり６・７万円払い続けたことになる。だったら賃貸のほうがずっとよかったのかなと思えなくもない数字である。

他の物件はどうなのかとインターネットで調べてみると、埼玉県内に50平米前後で３００万円台のマンションがたくさんあることがわかる。さすがに浦和、大宮、所沢、川越《かわごえ》などの主要な駅の駅近くにはないが、そこからバスを使うとか、さらに何駅か離れると、３００万円どころか、１９７６年築、54平米、３ＤＫで２８０万円の物件も見つかる。

先日、千葉ニュータウン内の白井市に行ったときも、ＵＲの築30年の団地が97平米、８４０万円で売られていた。

３００万円なら私にも買えるわという20代のＯＬだっているだろう。親元に住んで、３年勤めて３００万円くらい貯金しているＯＬはざらにいる。

では、そのＯＬが本当に50平米の中古マンションを買うかといえば、もちろん買わない。

男性でも買わないだろう。若い世代で古いマンションへの抵抗は減ってきているが、何しろ通勤時間が長すぎる。古くても都心近くで、駅まで5分以内の物件なら、2000万円でも買うキャリアウーマンはいるだろう。

しかし、都心まで電車で1時間かかるような物件には魅力がない。だとしたら、郊外には今後どんどん空き家が増え、住宅地がゴーストタウンになっていくことだって考えられるのだ。実際、すでに日本では全住宅のうち14%、約750万戸が空き家である。この空き家率が43%になるという予測すらある。

東京圏でも、都心から遠い地域ほど空き家率が高く、千葉県は全域で12%を超える市区町村が広がり、埼玉県は県西半分でやはり12%以上の市区町村が多い（49ページ図1）。これは、郊外住宅地というよりも農村地域であり、1960年代以降ずっと人口が減少してきた地域である。だから空き家率が高いのである。しかし今後は、郊外の住宅地でも空き家が増える可能性が高い。現在空き家率が8〜12%の市区町村でも、12%以上になっていくだろう。

一戸建てなら、空き家になると、空き家だとわかる。しかしマンションだと、空き家になってもわかりにくい。だが実際は、相当な数のマンションが空き家になっている可能性がある。先述したように、UR都市機構の団地（賃貸の集合住宅）でも、全戸の3割ほどが空いている団地は少なくない。

インターネットの不動産・住宅ポータルサイトの「ＨＯＭＥ’Ｓ」によれば、民間も含めた賃貸集合住宅の空室率は、狭山市で22・８％、さいたま市大宮区ですら25・９％、川越市で25・２％などとなっている（２０１２年６月時点のホームページから）（49ページ図2）。

郊外の物件が値下がりする理由①　女性の社会進出

どうしてこんなに住宅の価格が下がるのか？　もちろん日本全体の景気が悪いからだが、その他にも問題がいくつかある。逆に言えば、どうして昔は郊外の、駅から遠い不便な物件でも売れたのか？

まず、昔は夫婦のうち男性だけが働き、女性は専業主婦になることが一般的だったからである。その場合、長い通勤時間に耐えるのは男性だけでよかった。通勤定期代は会社持ちだから、通勤時間にさえ耐えれば、遠くの安い物件を買ってローン支払額を抑えるのが合理的だった。

また、郊外のほうが都心よりも自然が豊かだったから、子育てには郊外がよいと思われた。お父さんたちはがんばって満員の通勤電車に乗り、仕事に出かけたのである。

100年で3倍に増えた人口が50年後には4000万人減る

図1−2　日本の人口の推移と予測

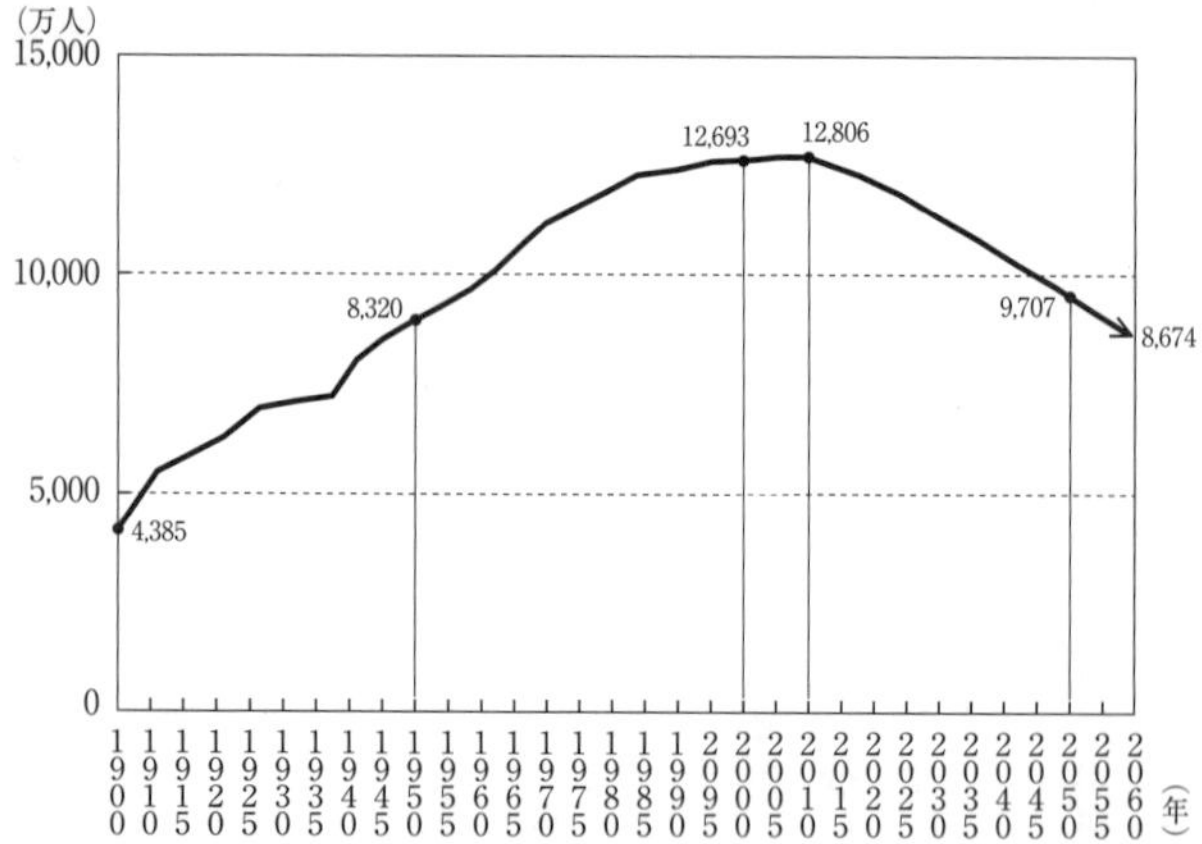

資料：総務省「国勢調査」、社会保障・人口問題研究所「日本の将来推計人口（平成24年1月推計）」

　ところが今は、女性も働くことが多い。女性も都心に通勤するとなると、世帯年収が上がるから、もっと都心近くに家が買える。子どもがいれば、ますます勤め先に近いほうが便利だ。駅からも10分以内の物件が好まれる。

　そういう意味で、都心から遠く、駅からも遠くに立地している住宅は、男女役割分担時代の遺物である。現代においては利用価値がない。だから、価格は下がるしかないのである。

郊外の物件が値下がりする理由②　人口減少

　郊外の物件が値下がりする第2の理由は、そもそも日本の人口が減少し始めているということである。これがいちばんの理由である

東京圏の人口も25年後には300万人近く減る

図1−3　東京圏の人口の推移と予測

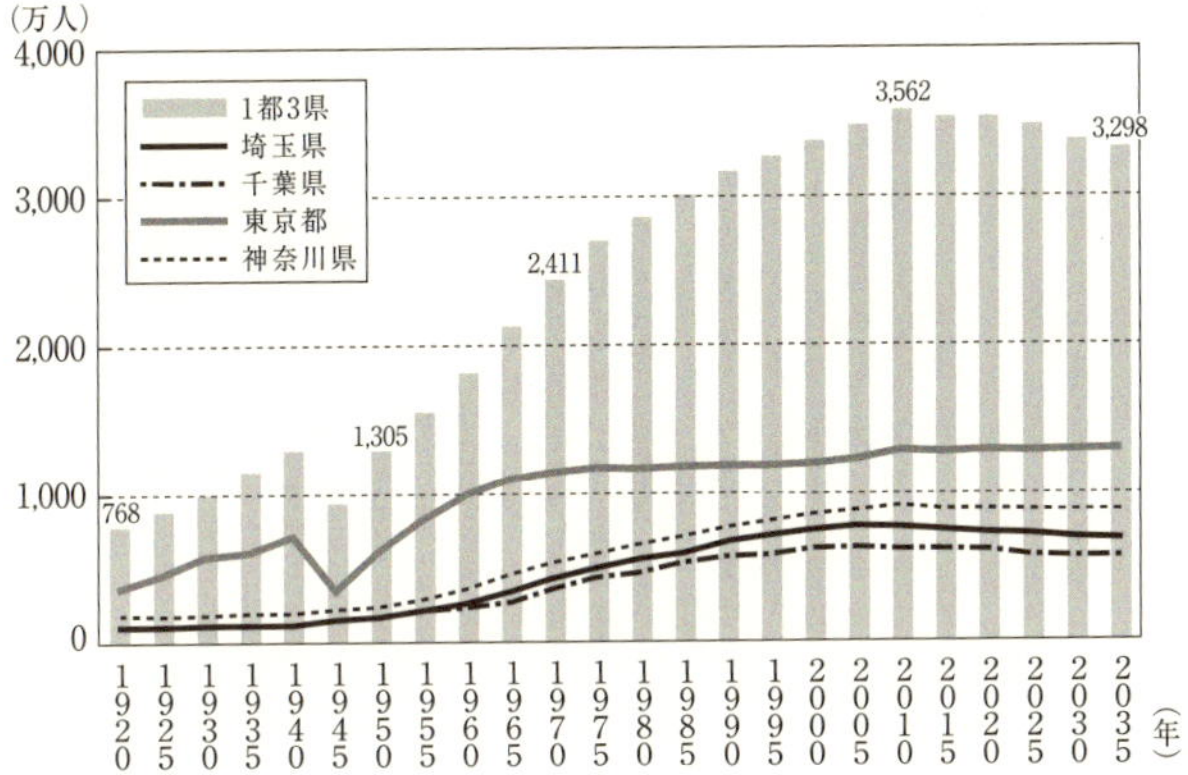

資料：2010年まで総務省「国勢調査」、2015年から社会保障・人口問題研究所「日本の将来推計人口（平成19年5月推計）」

と言ってもよい。

東京圏全体（東京都、埼玉県、千葉県、神奈川県）の人口はまだ減少していないばかりか、東京都の人口は2012年もまだ増え続けている（1996年は1178万6893人、2012年は1322万7914人。6月1日の数字）。しかし、埼玉県、千葉県、神奈川県では近い将来には人口が減り始めると2007年に推計されていた（図1‐3）。

事実すでに、千葉県の人口は減少し始めた。2011年の大震災による原発問題により、液状化や放射線の危険のある地域を含んでいる千葉県では、2011〜12年で人口が減少してしまったのだ。さらに、やはり震災時に大量の帰宅難民が発生したことから、来たるべき首都直下型地震のことなどを考えると、あまり都心から遠くには住みたくないという心理が働いているものと思われる。

統計を見てみよう。まず日本の人口は、2010年には1億2806万人だったのが、2050年には9707万人と、約3000万人も減り、2060年にはさらに1000万人以上減って、8674万人になると予測されている。1900年には4385万人、1950年には8320万人だったので、2060年には1950年並みにまで減少するのである(図1-2)。

東京圏の人口に限ると、東京都は2010年から2035年で、1316万人から1270万人と、46万人減る。同様に埼玉県は719万人から626万人と93万人減る。千葉県は621万人から550万人へ71万人、神奈川県は905万人から853万人へ52万人減ると予測されている。東京圏全体では3562万人から3298万人と、264万人の減少となると予測されている(図1-3)(ただし先述したように、千葉県の人口は2012年3月1日時点で620万人に減少している。また東京都が発表した人口予測によると、都の人口は2020年の1335万人をピークとして減少に転じ、2070年に1000万人を割り、2100年には713万人にまで減るという)。

そもそも東京圏にこれだけたくさんの人口が集まったのは、戦後の高度経済成長によって、若者を中心とするたくさんの人々が地方から職を求めて東京に流入してきたからである。これにより、東京圏全体の人口は１９５０年の１３０５万人から、70年には２４１１万人と、ほぼ2倍に増えた。

東京に集まった若者は、その後結婚・出産をし、マイホームを求め、埼玉、千葉、神奈川といった郊外に移り住んだ。２人の若い夫婦が移住してきて、そこでまた子どもを産んだのだから、人口が増えるのは当然である。こうして、埼玉、千葉、神奈川といった東京郊外の人口は１９７０年から90年の20年間だけでも、２倍近くにふくれあがったのである。

ところが、今後は、もはや地方から東京圏に大量に人口が流入することはない。地方にはもう若い人口が減ってしまったし、地方にも商業、文化、施設などが充実したので、東京に行きたいと思われなくなったからである。

他方、東京圏に住んでいる若者は、結婚をする者が減ったし、子どもを産む人も減った。結果、マイホームを買うために郊外にわざわざ引っ越す必要のある人が減ってしまった。

こうして、郊外の埼玉、千葉、神奈川の人口は、近い将来次第に減少していくことになるのである。

15〜64歳の人口が50年で3755万人も減る!

図1−4　日本の年齢別人口の予測

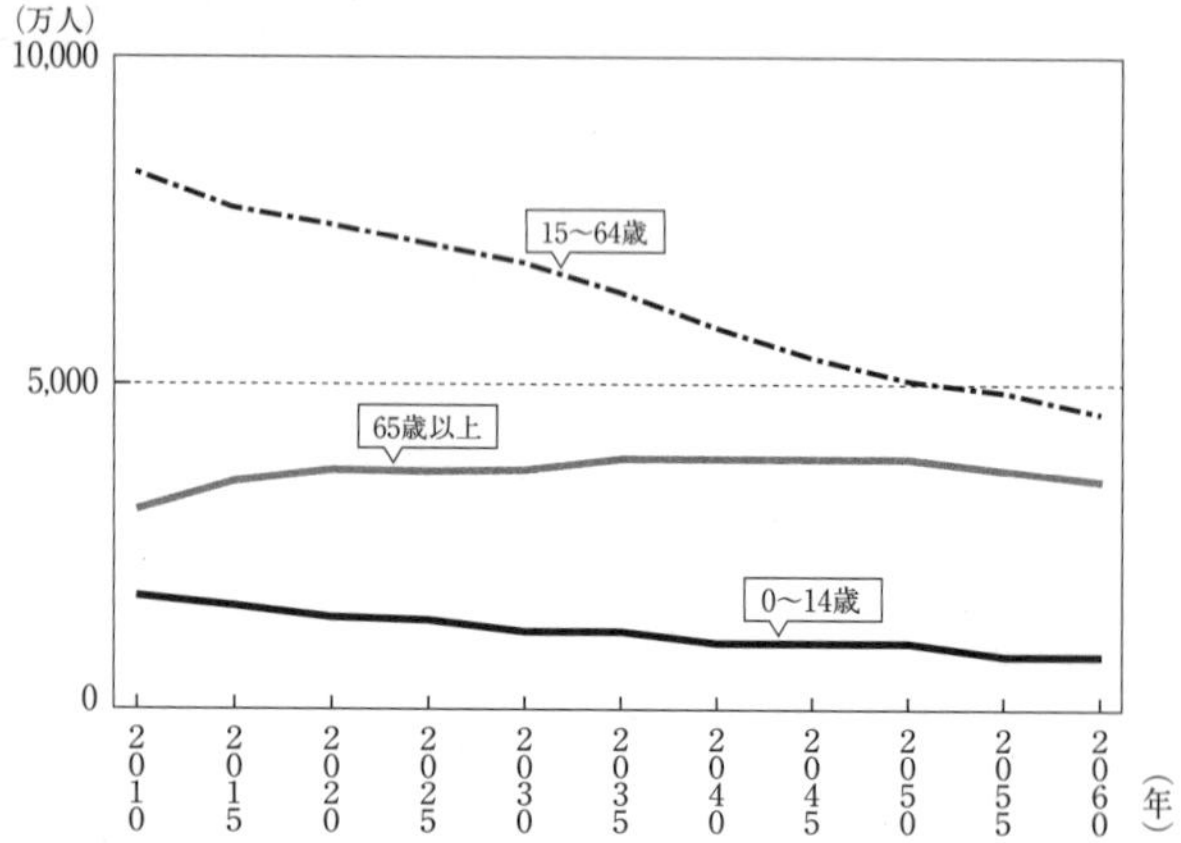

資料:「都道府県別将来推計人口」

ところが、住宅の数は増えるばかりだ。すると、もう人が住まなくなった家を売ろうとしても、あまりに古いと売れない。だから、冒頭に書いたように郊外の2LDKのマンションが390万円になってしまうのだ。それでも売れなければ、空き家のままになるのである。

郊外の物件が値下がりする理由③　高齢化

これからの日本では単に人口が減るだけではなく、高齢化が進み、2040年には1億728万人のうち36%の3868万人が、65歳以上の高齢者で占められるようになる(図1-4)。2040年の65〜69歳とは、1971〜74年に生まれた第2次ベビーブーム

これからの高齢化の主役は団塊ジュニア

世代（団塊ジュニア）である。その時点では第1次ベビーブーム世代（団塊世代）は91～93歳となり、人口が減少しているので、日本で最も人口が多い年齢層は65～69歳の第2次ベビーブーム世代になるのである。

そもそも東京圏は、団塊ジュニアが多い地域である。団塊ジュニアの親である団塊世代が、先述したように大量に東京圏に移住して、子どもを産んだからである。そのため、現在の東京圏は高齢化率（総人口に占める65歳以上の割合）が低い。逆に1947～49年生まれの団塊世代が多い。

ところが、この団塊世代が今年（2012

図1−5　2005年　東京圏の年齢別人口

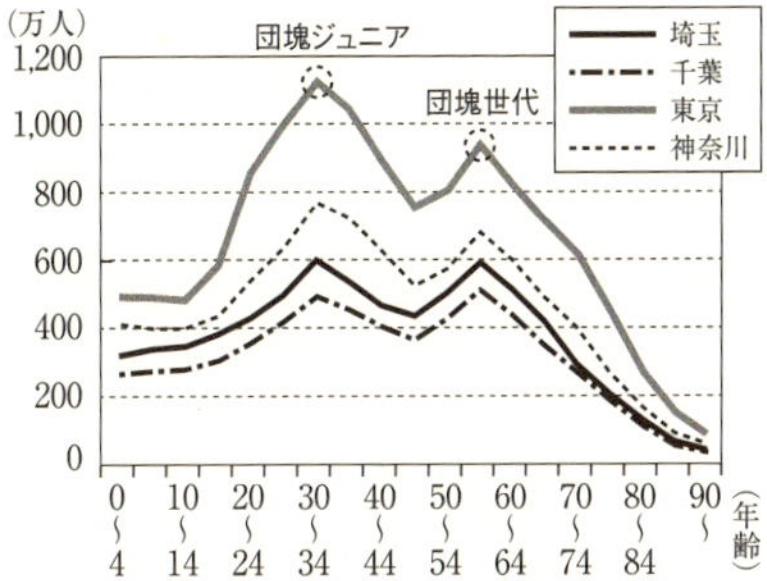

資料:総務省「国勢調査」(2010年)から三浦展作成

図1−6　2035年　東京圏の年齢別人口

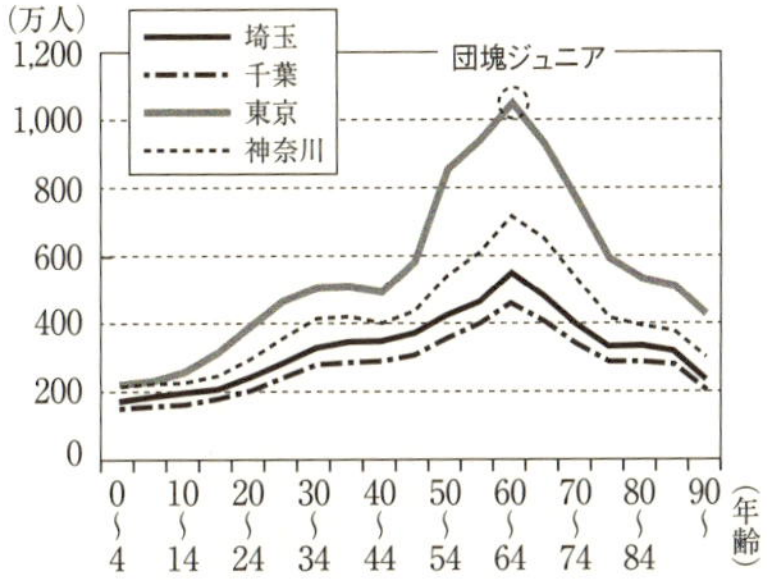

資料:「都道府県別将来推計人口」

首都圏も3割以上が高齢者になる

表1−1　1都3県の人口予測

（千人）

年	2005	2010	2015	2020	2025	2030	2035
埼玉県総人口	7,054	7,082	7,036	6,924	6,752	6,526	6,259
埼玉県年少人口	989	920	819	715	641	597	564
埼玉県生産年齢人口	4,905	4,694	4,426	4,252	4,106	3,884	3,580
埼玉県老年人口	1.160	1,468	1,792	1,957	2,006	2,045	2,115
高齢化率	16.4%	20.7%	25.5%	28.3%	29.7%	31.3%	33.8%
千葉県総人口	6,056	6,107	6,087	6,008	5,879	5,707	5,498
千葉県年少人口	822	785	711	627	563	524	498
千葉県生産年齢人口	4,170	4,002	3,779	3,642	3,534	3,364	3,120
千葉県老年人口	1,064	1,320	1,597	1,739	1,782	1,819	1,880
高齢化率	17.6%	21.6%	26.2%	28.9%	30.3%	31.9%	34.2%
東京都総人口	12,577	12,907	13,059	13,104	13,047	12,905	12,696
東京都年少人口	1,443	1,441	1,363	1,248	1,132	1,054	1,011
東京都生産年齢人口	8,809	8,737	8,538	8,515	8,489	8,243	7,790
東京都老年人口	2,325	2,729	3,158	3,341	3,426	3,608	3,895
高齢化率	18.5%	21.1%	24.2%	25.5%	26.3%	28.0%	30.7%
神奈川県総人口	8,792	8,9631	9,017	8,992	8,897	8,737	8,524
神奈川県年少人口	1,190	,152	1,049	931	843	796	770
神奈川県生産年齢人口	6,115	5,983	5,786	5,707	5,628	5,399	5,036
神奈川県老年人口	1,487	1,828	2,182	2,354	2,426	2,542	2,718
高齢化率	16.9%	20.4%	24.2%	26.2%	27.3%	29.1%	31.9%
東京圏総人口	34,479	35,059	35,199	35,028	34,575	33,875	32,977
東京圏年少人口	4,444	4,298	3,941	3,521	3,179	2,971	2,843
東京圏生産年齢人口	23,999	23,416	22,529	22,116	21,757	20,890	19,526
東京圏老年人口	6,036	7,345	8,729	9,391	9,639	10,014	10,608
高齢化率	17.5%	21.0%	24,8%	26.8%	27.9%	29.6%	32.2%

資料:「都道府県別将来推計人口」

年）から65歳になり始めた。高齢者の仲間入りを始めたのだ。

さらに今後は、長期的には団塊ジュニアなどの若い世代が年を取っていく（図1‐5、6）。団塊ジュニアが60代前半となる2035年では、東京圏の総人口約3298万人のうち32％の約1061万人が、65歳以上となる（表1‐1）。東京圏、特に埼玉、千葉、神奈川といった郊外の県では、今後急速に高齢化率が上昇するのである。

市区町村別65歳以上の人口の割合（高齢化率）を見ると、２０１０年の段階で25％以上を占める市区町村は、房総、秩父、奥多摩など農漁村部に限られている（50ページ図３）。ところが２０３５年になると、ほとんどすべての市区町村で25％以上となる。房総、秩父、奥多摩は35％以上になり、さいたま市、千葉市などの主要な郊外の市も30％以上になる。横浜の西部から西にかけての神奈川県も、ほぼすべてが30％以上になるのだ。

75歳以上で見ても同様である。２０１０年は、房総、秩父、奥多摩などが10％以上になっているだけだ（51ページ図４）。しかし２０３５年になると、東京圏の全域で10％以上になり、郊外住宅地の地域もおおむね15％以上になる。

また、２００５年から２０３５年にかけての高齢化率の増加率を見ると、千葉県印西《いんざい》市では２００５年が12・８％だったのが、２０３５年には39・７％と３倍以上に増えている。浦安市も９・２％から27・５％とほぼ３倍に増加。このように、郊外のほとんどの市区町村で、高齢化率が２倍以上に増えているのである（52ページ図５）。

２０１０年から35年にかけての人口減少率を見ると、東京都の主な市区町村を除く東京圏のすべての市区町村で人口が減少している（52ページ図６）。人口が減少している郊外住宅地ゾーンでも、10％から20％減少している。つまり、若い人が減り、高齢者も死亡が増えているのである。

　また、核家族世帯が多数を占める現代では、多くの高齢者は亡くなる直前には単身者になる。2010年の65歳以上の単身者世帯が全世帯数に占める割合を地図にすると、主として23区内が多くなっている（53ページ図7－1）。

　ところが、2005年から2010年にかけての65歳以上の単身者世帯の増加率で見ると、23区はあまり増えておらず、増えているのは郊外である（53ページ図7－2）。東京都内でも、武蔵野市、三鷹市から立川市にかけてのJR中央線沿線は開発が早かったためか、高齢化もいち早く進んだせいか、近年の高齢単身世帯の増加は激しくない。

　しかし、川崎市高津区、宮前区、多摩区、麻生《あさお》区、相模原市、さいたま市見沼区、緑区、北区、岩槻区、千葉市若葉区、緑区などは、この5年間の高齢単身世帯の増加率が45％以上と著しい。

　このように高齢者率が上昇し、いずれ高齢者が亡くなっていけば、人口全体も減り、また高齢者がそれまで住んでいた家が余る。子どもや孫がその後も住めばよいが、多くの場合、子どもは結婚

3割近くが空き家の増加を実感

表1－2　お住まいの地域で古い家が空き家になったり、取り壊されて更地になっているケースがあるか

（%）

たくさんある	2.6
少しある	23.5
あまりない	48.3
まったくない	25.6

資料：カルチャースタディーズ研究所

アラフォーになってもパラサイト

図1－7　親と同居している35～44歳壮年未婚者数の推移

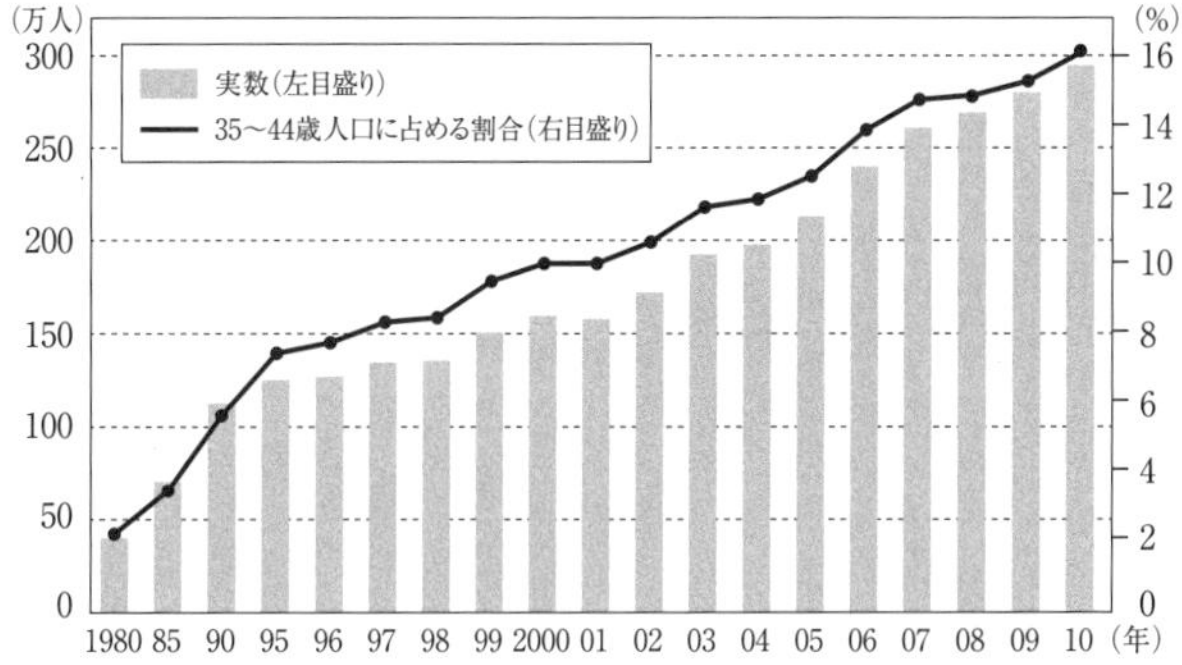

注）上図は各年とも9月の数値である。
資料：総務省統計研修所ホームページ　西文彦「親と同居の壮年未婚者の最近の状況 その9」より

すれば別の家に住む。こうしてますます空き家が増えるのである。

先ほども見たように、２００８年の東京圏の空き家率を見ると、東京圏の東半分で12％以上の地域が多いが、西半分でも８％以上12％未満の地域が広がっている（49ページ図１）。

主要な市でいうと、千葉市花見川区、稲毛区、若葉区、さいたま市大宮区、中央区、南区、横浜市中区、西区、南区、保土ケ谷《ほどがや》区でも12％以上である。

また、市川市、松戸市、柏市、習志野《ならしの》市、川越市などの郊外型の市でも12％以上であり、今後さらに郊外型の市でも空き家率が上昇していくことが予想される。

カルチャースタディーズ研究所が２０１１年に

1都3県を中心とする在住者を対象に行ったアンケート「東京圏調査」でも、「あなたが現在お住まいの地域では、最近、住民が亡くなったりして、古い家が空き家になったり取り壊されて更地になっているケースがありますか」という質問に対して「たくさんある」2・6%、「少しある」23・5%であり、合計で約26%が住宅地の衰退を感じている（表1-2）。
また、「住宅地が古くなっていき、高齢化もしているので不安だ」という意見も18%ある。

郊外の物件が値下がりする理由④　結婚しない団塊ジュニア

郊外の住宅の需要が低下している理由の第4は、未婚者で親元に住む人（パラサイトシングル）の増加である。家族社会学者の山田昌弘《まさひろ》氏が「パラサイトシングル」という言葉をつくった1990年代後半には、30歳を過ぎてもパラサイトシングルがいるということが話題になったのだが、現在では下手をすると50歳になってもパラサイトシングルをしている人がいる。

総務省統計研修所の西文彦の論文によれば、「親と同居の壮年（35〜44歳）未婚者」の数は1995年には124万人だったが、2010年には295万人になっている（図1-7）。

日本の35〜44歳の総人口は1842万人だが、うち世帯主は622万人である。それに対して、親が世帯主をしている家に子どもとして住んでいる人の数が３５０万人であり、このうち２９５万人が未婚なのである（残りの55万人は既婚、離別、死別ということになる）。

１都３県に限ると、35〜44歳で親と同居している未婚者数は80万人（男性48万人、女性32万人）、30〜49歳に広げると１５５万人（男性91万人、女性64万人）である（表１‐３）。

ちなみに、親と同居している離別者数は35〜44歳の男女で６・１万人、30〜49歳では10・4万人である。また、親と同居している既婚者数（つまり、ほぼ二世帯同居と考えられる）は、35〜44歳の男女で７・３万人、30〜49歳では13・４万人である。

親と同居している未婚の子どもの数は、市区町村別にはわからないが、未婚者のうち単独世帯以外の者は、親と同居か、きょうだいと同居か、あるいは友人と同居などであると考えられる。実際は単独世帯以外の未婚者の85％ほどが、親と同居の未婚者である。

そこで、人口の多い団塊ジュニア（２０１０年の35〜39歳に相当）について、未婚者に占める親と同居している者の割合を市区町村別に計算してみる。

団塊ジュニアが多い地域は？

その前に、そもそも団塊ジュニアが東京圏のどこに多く住んでいるかを見ておく。

表1−3　親と同居している未婚者、離別者、既婚者の数（１都３県）

（人）

	埼玉県	千葉県	東京都	神奈川県	合計
未婚男女					
20〜24歳	253,899	197,318	391,138	302,746	1,145,101
25〜29歳	182,682	150,186	279,553	214,038	826,459
30〜34歳	132,702	107,873	191,221	147,012	578,808
35〜39歳	113,831	89,715	161,504	123,656	488,706
40〜44歳	68,276	54,160	109,889	78,027	310,352
45〜49歳	34,898	29,632	67,885	43,375	175,790
30〜49歳	349,707	281,380	530,499	392,070	1,553,656
35〜44歳	182,107	143,875	271,393	201,683	799,058
未婚男性					
20〜24歳	129,415	99,384	196,974	153,930	579,703
25〜29歳	95,606	77,925	143,189	110,005	426,725
30〜34歳	76,125	60,724	104,303	82,018	323,170
35〜39歳	69,424	53,805	92,894	73,617	289,740
40〜44歳	42,994	33,421	64,471	47,945	188,831
45〜49歳	22,471	18,737	40,009	26,874	108,091
30〜49歳	211,014	166,687	301,677	230,454	909,832
35〜44歳	112,418	87,226	157,365	121,562	478,571
未婚女性					
20〜24歳	124,484	97,934	194,164	148,816	565,398
25〜29歳	87,076	72,261	136,364	104,033	399,734
30〜34歳	56,577	47,149	86,918	64,994	255,638
35〜39歳	44,407	35,910	68,610	50,039	198,966
40〜44歳	25,282	20,739	45,418	30,082	121,521
45〜49歳	12,427	10,895	27,876	16,501	67,699
30〜49歳	138,693	114,693	228,822	161,616	643,824
35〜44歳	69,689	56,649	114,028	80,121	320,487
離別					
20〜24歳	767	686	689	781	2,923
25〜29歳	2,563	2,389	2,369	2,387	9,708
30〜34歳	4,858	4,278	4,793	4,751	18,680
35〜39歳	7,684	6,919	7,957	7,827	30,387
40〜44歳	7,566	6,667	8,541	7,743	30,517
45〜49歳	5,368	4,949	7,613	6,243	24,173
30〜49歳	25,476	22,813	28,904	26,564	103,757
35〜44歳	15,250	13,586	16,498	15,570	60,904
離別男性					
20〜24歳	207	178	223	233	841
25〜29歳	856	764	832	816	3,268
30〜34歳	1,715	1,486	1,692	1,673	6,566
35〜39歳	2,932	2,644	2,911	3,003	11,490
40〜44歳	3,333	2,773	3,455	3,176	12,737
45〜49歳	2,414	2,180	3,226	2,689	10,509
30〜49歳	10,394	9,083	11,284	10,541	41,302
35〜44歳	6,265	5,417	6,366	6,179	24,227
離別女性					
20〜24歳	560	508	466	548	2,082
25〜29歳	1,707	1,625	1,537	1,571	6,440
30〜34歳	3,143	2,792	3,101	3,078	12,114
35〜39歳	4,752	4,275	5,046	4,824	18,897
40〜44歳	4,233	3,894	5,086	4,567	17,780
45〜49歳	2,954	2,769	4,387	3,554	13,664
30〜49歳	15,082	13,730	17,620	16,023	62,455
35〜44歳	8,985	8,169	10,132	9,391	36,677

資料：総務省「国勢調査」（2010年）

離婚して出戻りする人も多い

	埼玉県	千葉県	東京都	神奈川県	合計
既婚男女					
20〜24歳	2,216	2,126	2,289	2,074	8,705
25〜29歳	4,997	4,981	4,668	4,067	18,713
30〜34歳	8,057	7,963	6,542	5,843	28,405
35〜39歳	11,089	10,554	8,098	7,921	37,662
40〜44歳	10,739	9,547	7,691	7,642	35,619
45〜49歳	9,869	8,973	7,171	7,234	33,247
30〜49歳	39,754	37,037	29,502	28,640	134,933
35〜44歳	21,828	20,101	15,789	15,563	73,281
既婚男性					
20〜24歳	1,193	1,146	1,230	1,137	4,706
25〜29歳	2,845	3,009	2,572	2,216	10,642
30〜34歳	5,182	5,231	3,846	3,584	17,843
35〜39歳	7,845	7,367	5,280	5,250	25,742
40〜44歳	8,091	6,992	5,430	5,504	26,017
45〜49歳	7,723	6,803	5,363	5,448	25,337
30〜49歳	28,841	26,393	19,919	19,786	94,939
35〜44歳	15,936	14,359	10,710	10,754	51,759
既婚女性					
20〜24歳	1,023	980	1,059	937	3,999
25〜29歳	2,152	1,972	2,096	1,851	8,071
30〜34歳	2,875	2,732	2,696	2,259	10,562
35〜39歳	3,244	3,187	2,818	2,671	11,920
40〜44歳	2,648	2,555	2,261	2,138	9,602
45〜49歳	2,146	2,170	1,808	1,786	7,910
30〜49歳	10,913	10,644	9,583	8,854	39,994
35〜44歳	5,892	5,742	5,079	4,809	21,522

1985年時点の10〜14歳（小学生から中学生）が各市区町村の総人口に占める割合が9%を超えるのは、見事に東京都心から30〜40キロ圏の郊外にドーナツ状に広がっている（54ページ図8）。

特に埼玉県では、大宮駅以北、つまりJR高崎線から宇都宮線にかけて、それから東武スカイツリーライン沿線の一帯に広がっている。千葉県では、流山《ながれやま》市から、我孫子《あびこ》市、柏市、白井市、鎌ケ谷市、八千代市、佐倉市、四街道市、酒々《しす》井町《いまち》、富里町までの千葉ニュータウンを中心とする一帯に広がっている。

このように、団塊ジュニアが子ども時代に住んでいたのは東京圏のドーナツ状の主として東北側であった。

対して、23区内は団塊ジュニアの比率が低く、三多摩でも武蔵野市、三鷹市、小金井市、国分寺市といったJR中央線沿線、また川崎市、横浜市の沿岸部も比率が低い。これらの地域は開発が早く進んだので、団塊ジュニアの親たちはもはや家を買うことが難しくなっていたからである。

これが2010年になると、団塊ジュニアの比率が高い市区町村は、中央区、港区、江東区、浦安市、横浜市中区、川崎市中原区、高津区である。これらの地域は、近年高層マンションがたくさん建設されて、団塊ジュニアが住みやすくなったためであろう。

また、千代田区、新宿区、渋谷区、豊島区から、世田谷区、目黒区、品川区、中野区、武蔵野市、三鷹市など、比較的地価の高い地域でも団塊ジュニア比率が高くなっている。子ども時代にはあまり住んでいなかった地域に、団塊ジュニアが住むようになったのだ。

団塊ジュニアの人口の1985年と2010年の絶対数を、参考までに市区町村別上位50位を示すと、表1-4のようになる。千葉市やさいたま市は85年時点では政令指定都市ではなかったので、市全体の人口しかわからないが、あくまで参考として見てほしい。

世田谷区は4万9000人から8万3000人に、江東区も2万9000人から4万70

世田谷、練馬など23区内で団塊ジュニアが増えた

００人に大きく増えており、その他、品川区、新宿区、渋谷区、目黒区、豊島区、板橋区、中野区、練馬区といった23区内西側で増加が大きいことがわかる。

埼玉県で団塊ジュニア率が高いのは、戸田市、和光市、川口市、東武スカイツリーライン沿線などである。スカイツリーライン沿線は１９８５年時点でも団塊ジュニア率が高かった地域だが、戸田市、和光市、川口市は、近年マンションの増加などによって団塊ジュニアが

表1－4　団塊ジュニア（1970〜74年生まれ）の人口

（人）

1985年		2010年	
千葉市	76,473	世田谷区	82,862
足立区	51,723	千葉市	80,437
世田谷区	49,109	練馬区	65,583
相模原市	47,312	江戸川区	64,578
船橋市	46,441	大田区	61,748
大田区	44,524	相模原市	61,211
戸塚区	43,491	足立区	59,571
江戸川区	42,428	船橋市	56,852
練馬区	41,870	川口市	47,033
八王子市	38,513	江東区	46,687
松戸市	38,382	板橋区	45,214
横須賀市	37,358	八王子市	44,480
川口市	34,941	市川市	42,570
板橋区	34,848	松戸市	40,884
大宮市	34,534	杉並区	39,110
浦和市	34,111	葛飾区	38,407
緑区	32,094	藤沢市	36,443
市川市	31,511	品川区	36,237
杉並区	30,939	町田市	35,950
町田市	30,677	柏市	34,825
葛飾区	30,113	横須賀市	32,175
江東区	29,369	港北区	31,408
藤沢市	28,937	新宿区	30,007
川越市	28,316	越谷市	29,425
柏市	26,678	中野区	29,037
越谷市	26,527	所沢市	28,584
所沢市	26,274	川越市	28,209
北区	24,739	北区	27,940
市原市	22,828	青葉区	26,332
品川区	21,367	鶴見区	25,570
旭区	20,919	豊島区	25,524
港北区	20,767	目黒区	25,391
平塚市	20,407	中原区	25,249
草加市	19,277	戸塚区	24,481
港南区	19,059	中央区	23,323
春日部市	18,956	南区	23,270
上尾市	18,825	草加市	23,218
中野区	18,732	港区	23,099
新宿区	18,347	府中市	22,953
茅ヶ崎市	17,294	高津区	22,501
大和市	17,186	墨田区	22,419
厚木市	16,974	市原市	21,737
鶴見区	16,381	神奈川区	21,331
目黒区	15,885	平塚市	20,913
墨田区	15,788	宮前区	20,892
小田原市	15,430	大和市	20,723
金沢区	15,151	茅ヶ崎市	20,356
豊島区	14,912	調布市	20,277
宮前区	14,884	渋谷区	20,074
府中市	14,817	旭区	19,735

資料：総務省「国勢調査」

増えた地域である。

千葉県では、浦安市、市川市、船橋市、八千代市で団塊ジュニア率が高い。鉄道でいえば、JR総武線ではなく東葉高速鉄道や京成電鉄の沿線で、団塊ジュニア比率が高いのである。千葉市で高いのは沿岸部の美浜区である。

所得、未婚既婚などにより、団塊ジュニアの住む地域が分散

また、2005年から2010年にかけての全人口の増加率を見ると、増加率が3%以上ある地域は都心部から川崎、横浜にいたる地域と、「埼玉県南部」「千葉ニュータウン方面」などで多く、先に見た2010年の団塊ジュニア比率が高い地域とほぼ同じような地域である（55ページ図9）。つまり、団塊ジュニアが流入した、あるいは子どもを産んだ地域で人口が増えたと言うことができる。

そこで、団塊ジュニアの人口に占める既婚者の割合を見ると、やはり千葉ニュータウンのある千葉県印西市や白井市を中心に、東は成田市から西は流山市、南は船橋市などに、団塊ジュニアの既婚率の高いゾーンが広がっている。特に女性の既婚者を見ると、その傾向がはっきりわかる（56ページ図10）。

また、港北《こうほく》ニュータウンのある横浜市港北区、都筑《つづき》区、青葉区、あるいは相鉄線などの沿線の泉区、栄区、旭区などにも、団塊ジュニアの既婚率が高い地域がある。それから、埼玉県の南部一帯にも団塊ジュニアの既婚率が高いゾーンがある。

このように見てくると、所得の高低、未婚か既婚か、子どもがいるかなどにより、団塊ジュニアの住む地域が分散したと言える。

未婚で親元暮らし（パラサイトシングル）の団塊ジュニアはどこに多い？

そこで、団塊ジュニアの人口のうち、未婚で親元に暮らす、いわゆる「パラサイトシングル」の人口比率を地図にしてみよう（57ページ図11）。

まず男性で未婚親元比率が30％以上の地域は、房総、秩父などである。これらの地域で未婚親元比率が高いのは、家の広い農家が多いこと、農家では息子に嫁が来にくいこと、所得の低い男性が多いことなどの影響もあると思われる。

他方、未婚親元比率が低いのは、東京23区のほぼ西半分から、さらにその西側の三多摩、川崎、横浜市にかけてであり、地価の高い住宅地である。女性についても男性とほぼ同じような傾向である。

言い換えれば、東京23区のほぼ西半分から、三多摩、川崎市、横浜市にかけての地域では、おそらく比較的年収の高い未婚一人暮らしが多いのである（58ページ図12）。あるいは、地図にしていないが、子どものいない夫婦だけの団塊ジュニアが多いものと思われる。

それらの地域の外側の、東京23区の東北部（葛飾区、足立区、墨田区、荒川区、北区）、および埼玉、千葉、神奈川の郊外部には、親元未婚比率が20％台のゾーンが広がっている。

さらに、未婚親元暮らしの団塊ジュニアの人口の実数を地図にしてみる。男性は、東京23区のいちばん外側（江戸川区、葛飾区、足立区、板橋区、練馬区、世田谷区、大田区）に多く、その他では、市川市、船橋市、松戸市、川口市、川越市、八王子市、町田市、横須賀市で4000人以上を数える（59ページ図13）。

それらの市区は、人口の規模が大きいためパラサイトシングルの実数も大きくなるのは当然だが、代表的な郊外住宅地のパラサイトシングルの絶対数が多いという事実はわかるだろう。

女性も、男性と似た傾向であり、4000人以上いるのは、江戸川区、足立区、練馬区、世田谷区、船橋市だが、2000人以上を加えると、葛飾区、板橋区、市川市、松戸市、川口市、川越市、八王子市、町田市、横須賀市といった、未婚親元暮らし男性と同じ市区町村があがってくる。
このように未婚親元暮らしの団塊ジュニアは、絶対数としては、男女とも、郊外住宅地を中心として分布していると言えるのだ。

団塊ジュニアの住む地域

これまで見てきたことから、団塊ジュニア世代が東京圏のどこに住んでいるかについてまとめると、以下のようになる。

①未婚で、所得が比較的低い者は、郊外を中心とした親元の家に同居を続けている。
②未婚で、所得が比較的高い者、あるいは既婚で子どもがいない夫婦は、23区内の都心部から西南部にかけての、比較的ブランド性の高い地域に住む。
③既婚で子どもがいる、所得が一般的な世帯は、東武スカイツリーライン沿線や千葉ニュータウン方面などの大衆的な郊外住宅地に住む。
④既婚で子どもがいる、比較的裕福な世帯は、23区内の西南部、またさらにその西南の東急田園都市線沿線にかけての、比較的ブランド性の高い地域に住む。

このような居住地選択の傾向は、団塊ジュニアより若い世代にもおそらく継続するだろう。そういう若い世代によって住む場所として選ばれない住宅地は、今後ますます若い世代が抜けていき、高齢化が上昇していくばかりであり、オールドタウン、さらにはゴーストタウンになっていく危険があると言える。

住宅地の将来は団塊世代の老後と死後の問題

つまり、東京圏の住宅地の今後の問題は、ひとことで言えば団塊世代の老後の問題であり、死後の問題であり、その子ども世代（団塊ジュニア）のこれからの問題であると言うことができる。

もちろん、団塊世代と団塊ジュニアだけが問題なのではないが、人口の多いこの2つの世代の動向が最も重要であることは間違いない。

団塊世代が大量に東京圏に流入したからこそ、都内に大量の賃貸住宅が必要になったのであり、団塊世代が一度に子どもをつくり始めたからこそ、郊外に大量のマイホームが必要になったのである。そして、都心からどんなに遠くに住宅地が開発されても、売り手も借り手もついたのである。

しかしその子どもたちは、先に見たように、団塊世代がある年齢で一度に結婚したり子どもをつくったりしたのとは違って、ある者は結婚し、ある者は子どもをつくり、ある者は未婚一人暮らしであり、またある者は未婚で親元に住み続けるという形で多様化している。

そのため、新築住宅はあまり必要にならず、また、あとで見るような中古住宅を好む価値観の増加もあり、新築住宅がますます必要とされない状況が生まれている。

子どもが独立せずに同居している世帯で、比較的所得／資産の多い団塊世代は、第４章で述べるように、子どもの将来を見越してマイホームをリフォームしたり、二世帯住宅に建て替えたりするだろう。

子どもが独立した夫婦のみの世帯で、比較的所得／資産の多い団塊世代は、老後に備えてマイホームをリフォームしたり、建て替えたり、あるいはもっと便利な駅の近くに引っ越したりするだろう。

だが、所得や資産が少ない団塊世代は、リフォームや建て替えができず、住宅は老朽化の一途をたどる。子どもが独立した夫婦世帯は、いずれ一人暮らしとなり、最後には空き家になる可能性が高い。

子どもが同居している世帯では、20年もすると、85歳の母親と60歳の子どもが同居するような世帯となり、最後には子どもだけが家に住むようになるが、子どもの所得や資産が少ない場合は、やはり住宅の老朽化が進むだろう。そもそも、相続できない場合もあるかもしれない。

いずれにしろ、団塊世代のために建設された住宅ストックは次第に余っていき、空き家が増え続け、団塊世代の高齢化とともにニュータウンだった住宅地がオールドタウン化するだけでなく、空き家だらけのゴーストタウンになる危険性が増大するだろう。

千葉県区分地図

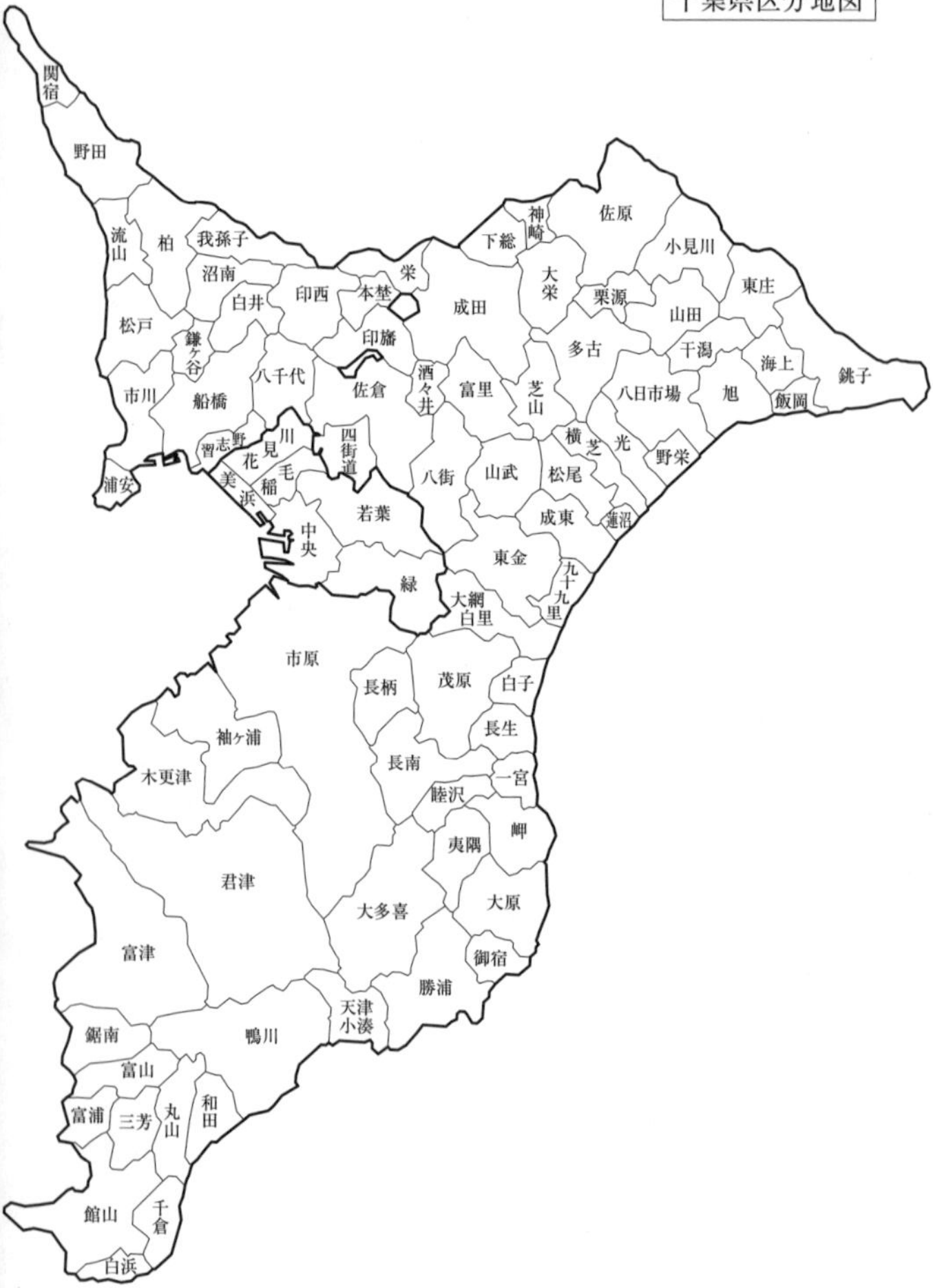

関宿
野田
流山
柏
我孫子
沼南
白井
松戸
鎌ケ谷
市川
船橋
八千代
印西
本埜
栄
印旛
佐倉
浦安
習志野
花見川
美浜
稲毛
四街道
下総
神崎
佐原
小見川
大栄
成田
栗源
山田
東庄
多古
干潟
海上
銚子
酒々井
富里
芝山
八日市場
旭
飯岡
八街
山武
横芝
光
野栄
松尾
蓮沼
成東
若葉
中央
東金
緑
九十九里
大網白里
市原
長柄
茂原
白子
長生
袖ヶ浦
木更津
長南
一宮
睦沢
岬
夷隅
君津
大原
大多喜
御宿
富津
勝浦
天津小湊
鋸南
鴨川
富山
富浦
三芳
丸山
和田
館山
千倉
白浜

東京都·埼玉県·神奈川県区分地図

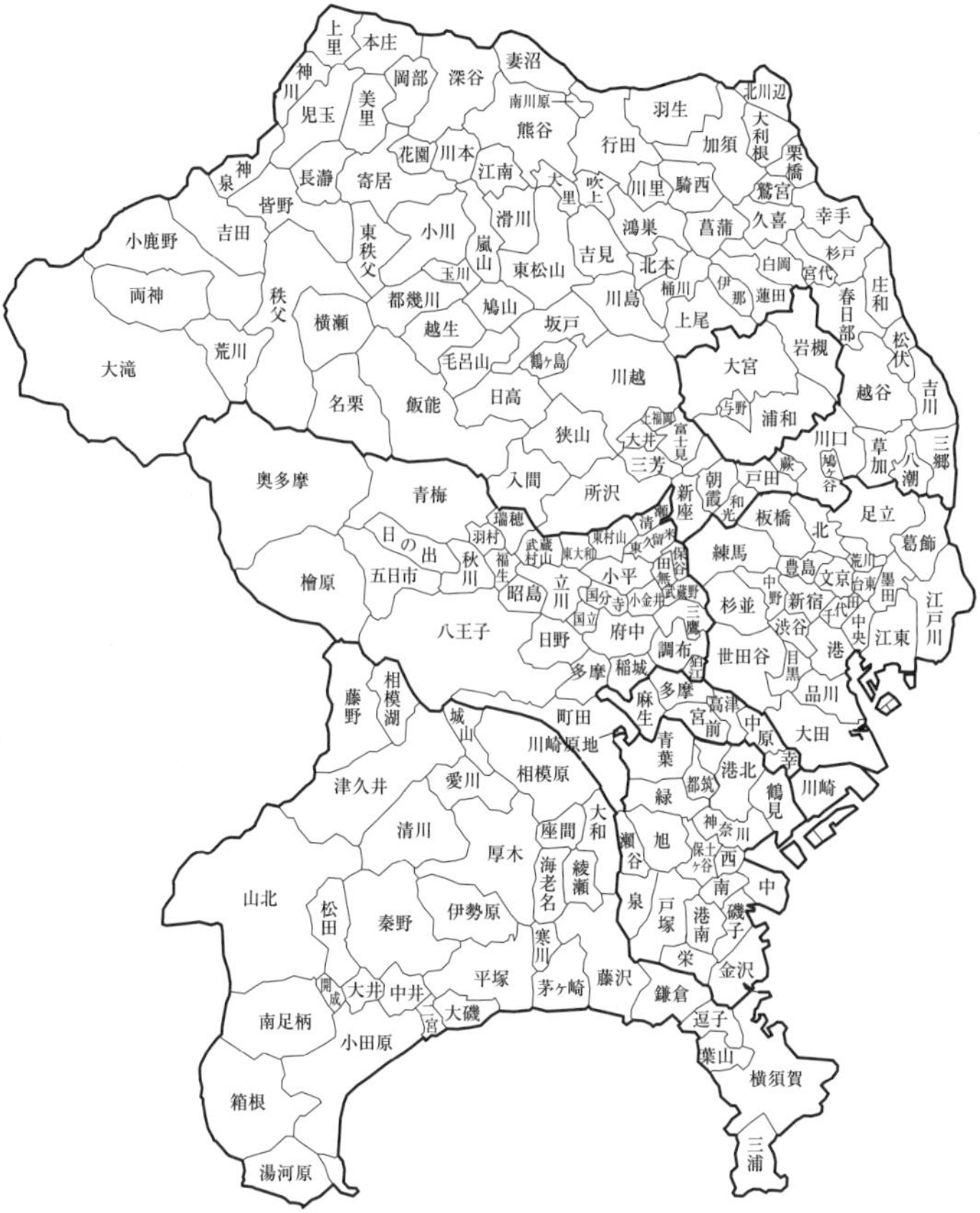

居住ブロック凡例

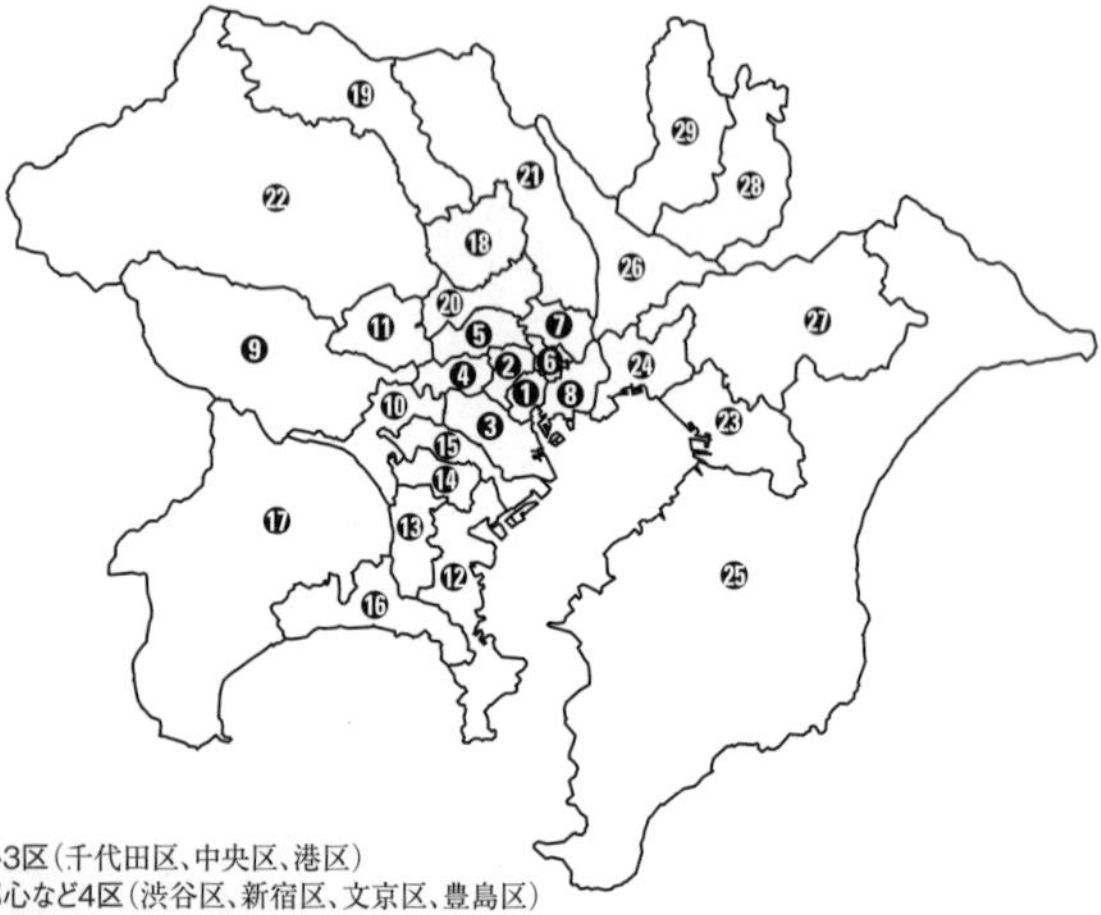

❶ 都心3区（千代田区、中央区、港区）
❷ 副都心など4区（渋谷区、新宿区、文京区、豊島区）
❸ 城南4区（品川区、大田区、目黒区、世田谷区）
❹ 中央線近郊（中野区、杉並区、武蔵野市、三鷹市）
❺ 城北3区（練馬区、板橋区、北区）
❻ 下町3区（台東区、墨田区、荒川区）
❼ 新下町2区（足立区、葛飾区）
❽ 湾岸2区（江東区、江戸川区）
❾ 中央線多摩（小金井市以西）
❿ 京王線・小田急線の都内郊外（調布市、府中市、町田市など）
⓫ 西武線（西東京市から所沢市まで）
⓬ 横浜東部・京急線（西区、中区、磯子区、港南区から三浦市まで）
⓭ 横浜西部（保土ヶ谷区、戸塚区、緑区、瀬谷区、栄区、泉区、旭区）
⓮ 東急田園都市線沿線（麻生区、宮前区、青葉区、港北区、都筑区）
⓯ 南武線（川崎区、幸区、中原区、高津区、多摩区）
⓰ 湘南（鎌倉市、逗子市、葉山町、藤沢市、茅ヶ崎市、平塚市など）
⓱ 相模原市以西
⓲ さいたま市
⓳ 高崎線沿線（上尾市、桶川市、行田市、熊谷市、深谷市など）
⓴ 埼玉南部（川口市、和光市、志木市など）
㉑ 東武スカイツリーライン沿線（草加市、春日部市、越谷市、三郷市など）
㉒ 川越以西（川越市、東松山市など）
㉓ 千葉市
㉔ 千葉湾岸（浦安市、船橋市、市川市、習志野市）
㉕ 房総（市原市、木更津市、茂原市など）
㉖ 柏・松戸方面（柏市、松戸市、流山市など）
㉗ 千葉ニュータウン方面
㉘ 常磐線沿線
㉙ つくばエクスプレス沿線

千葉・埼玉に多い空き家

図1　空き家率　2008年

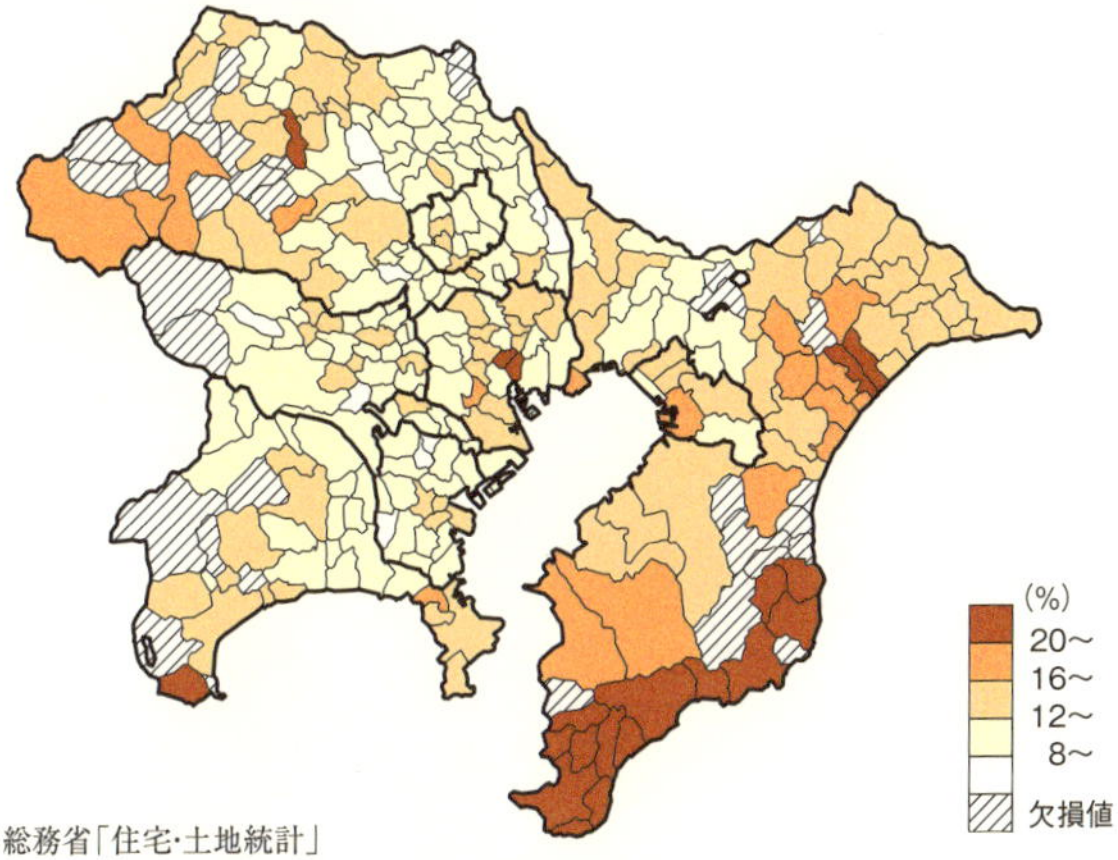

資料:総務省「住宅・土地統計」

郊外では空室率が20%以上

図2　賃貸用住宅の空室率　2012年

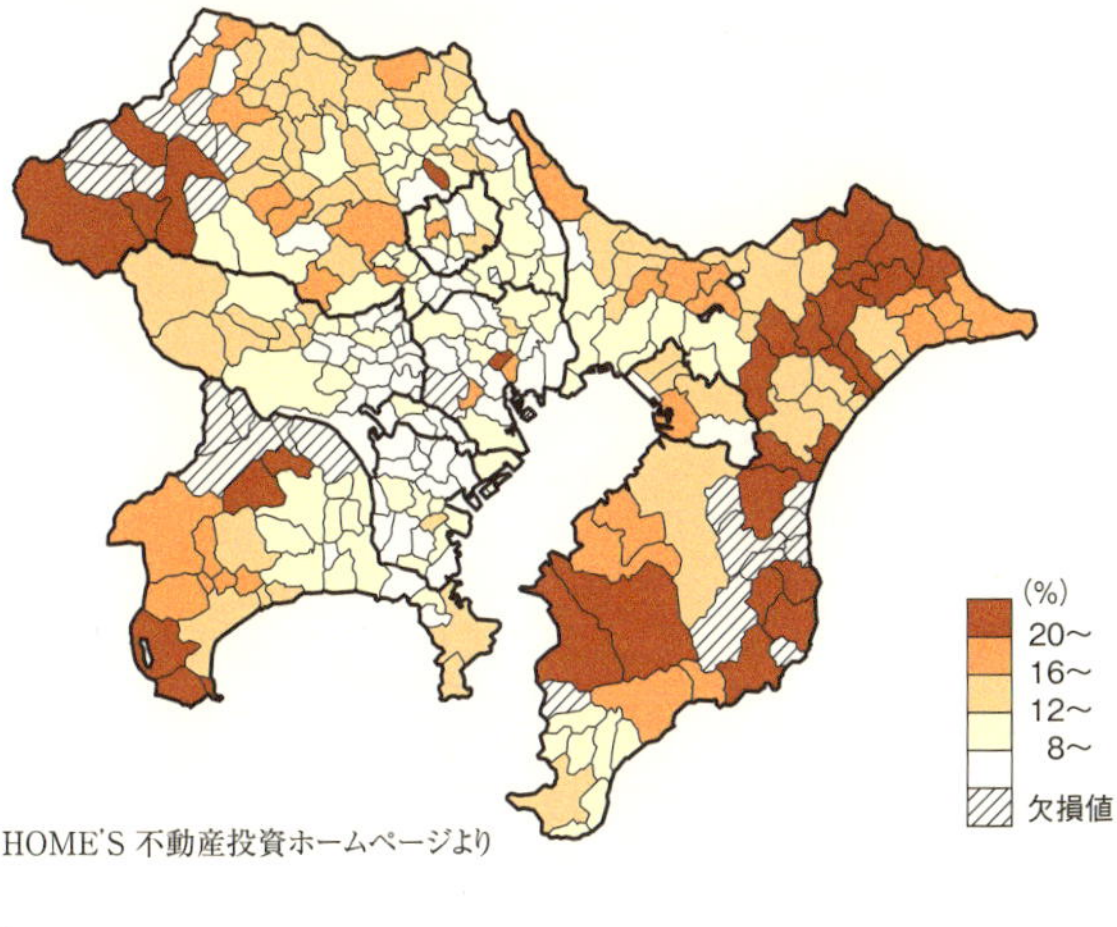

資料:HOME'S 不動産投資ホームページより

25年間で東京圏全体がオールドタウン化!

図3　高齢化率（65歳以上の人口の割合）

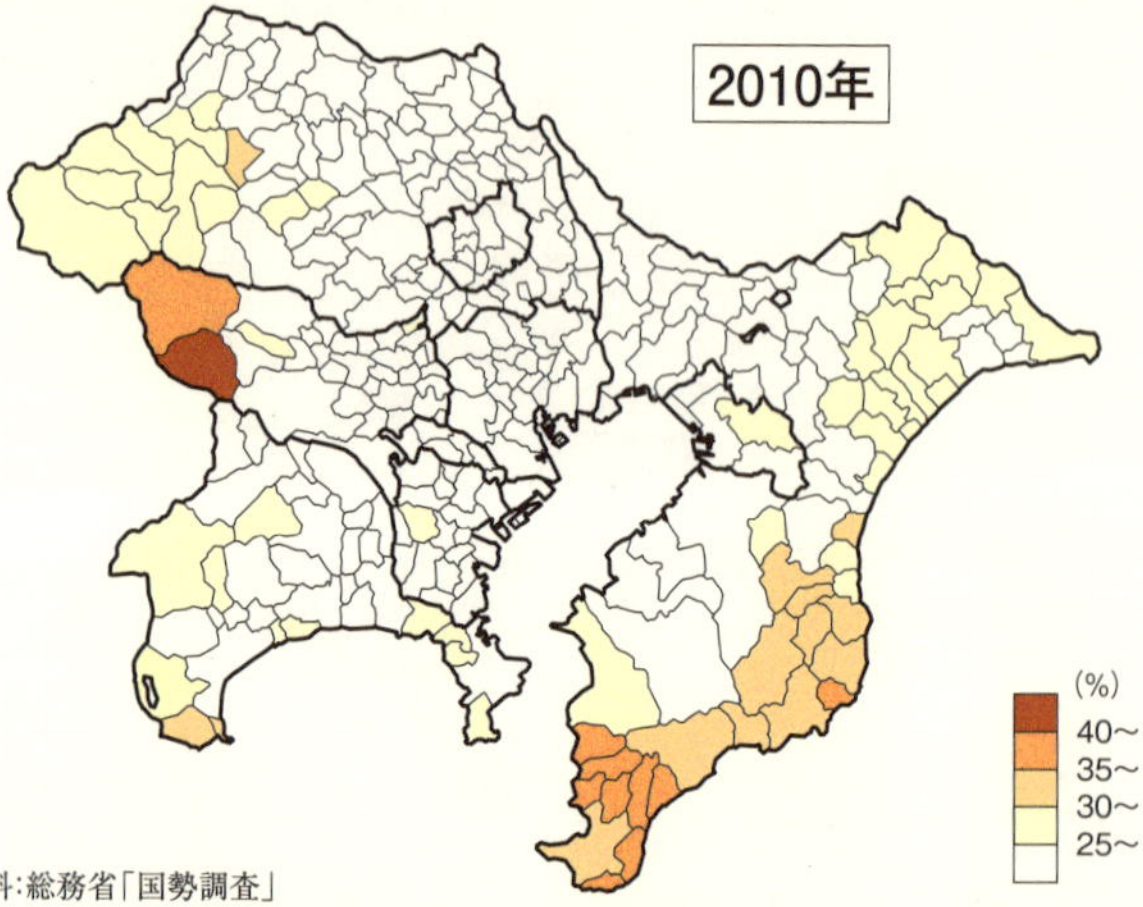

資料:総務省「国勢調査」

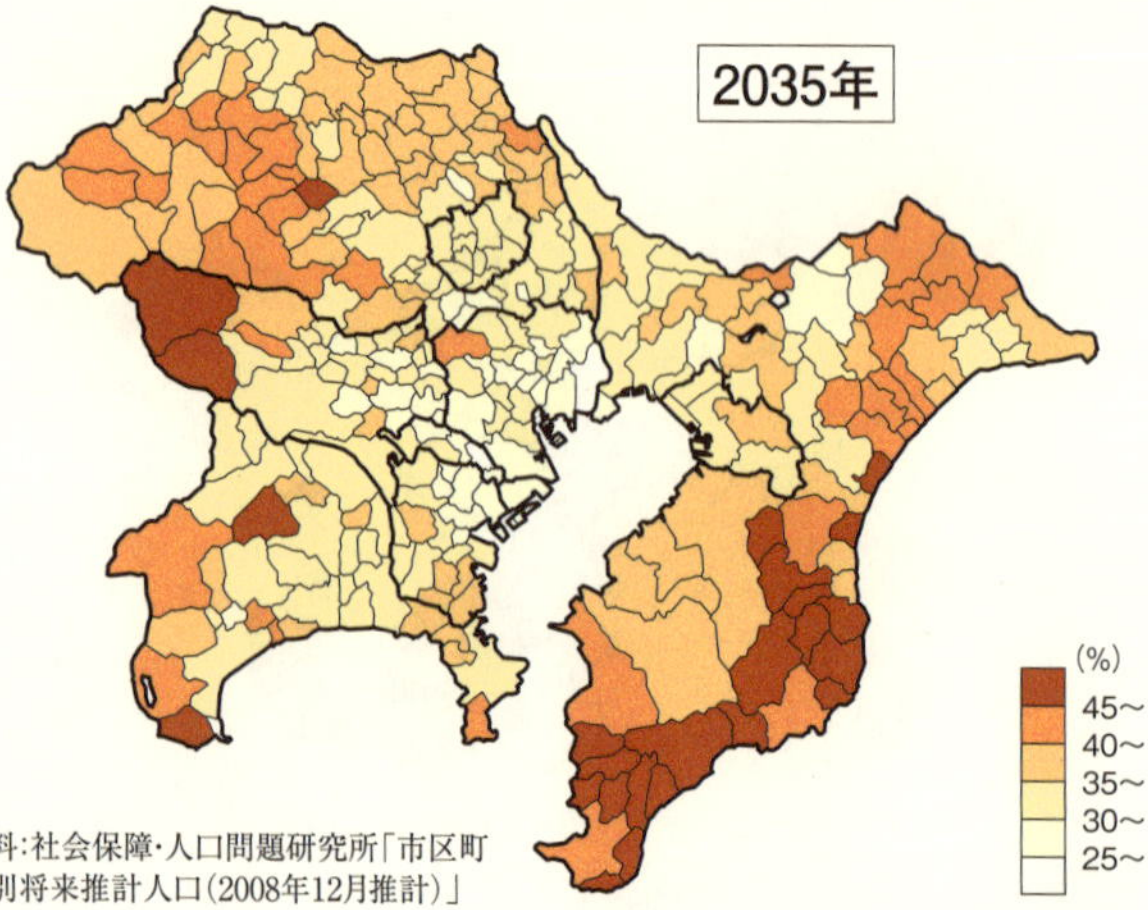

資料:社会保障・人口問題研究所「市区町村別将来推計人口(2008年12月推計)」

75歳以上が25％以上になる地域が激増！

図4　高齢化率（75歳以上の人口の割合）

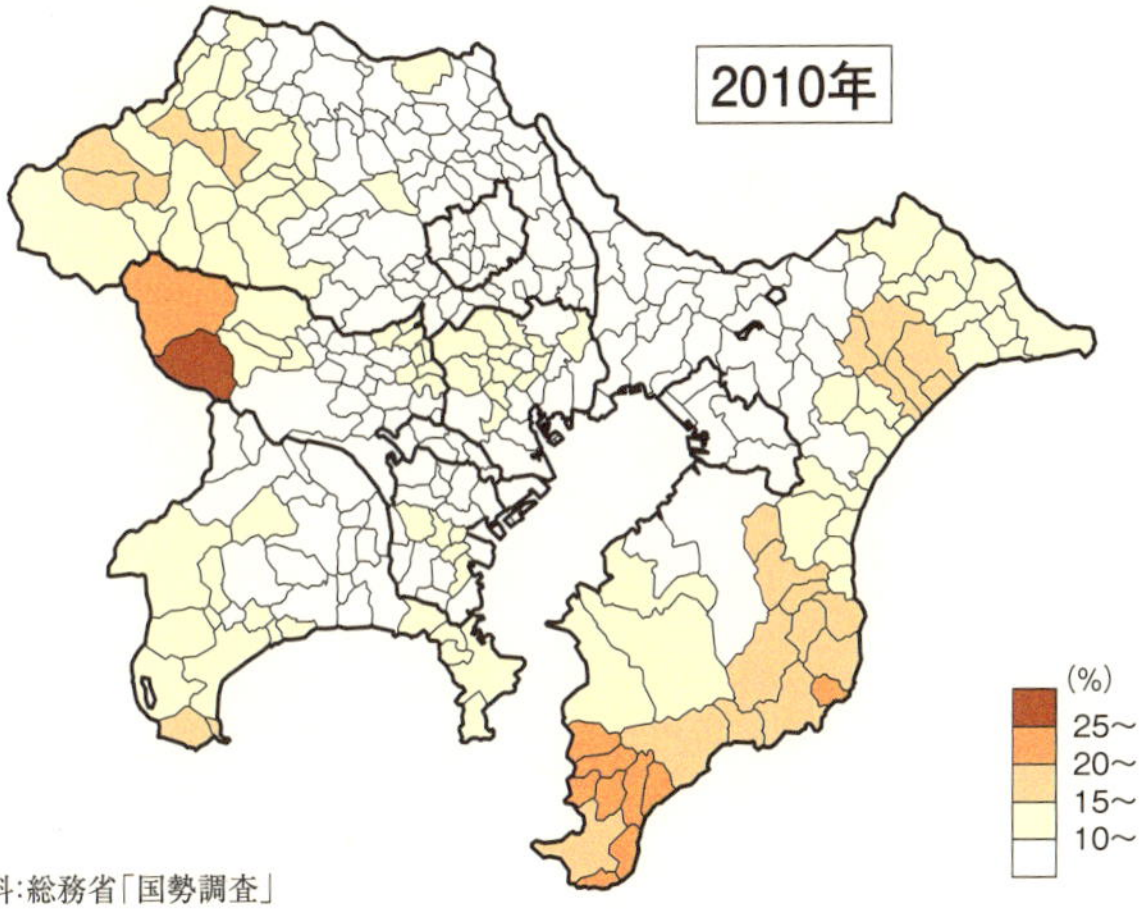

資料：総務省「国勢調査」

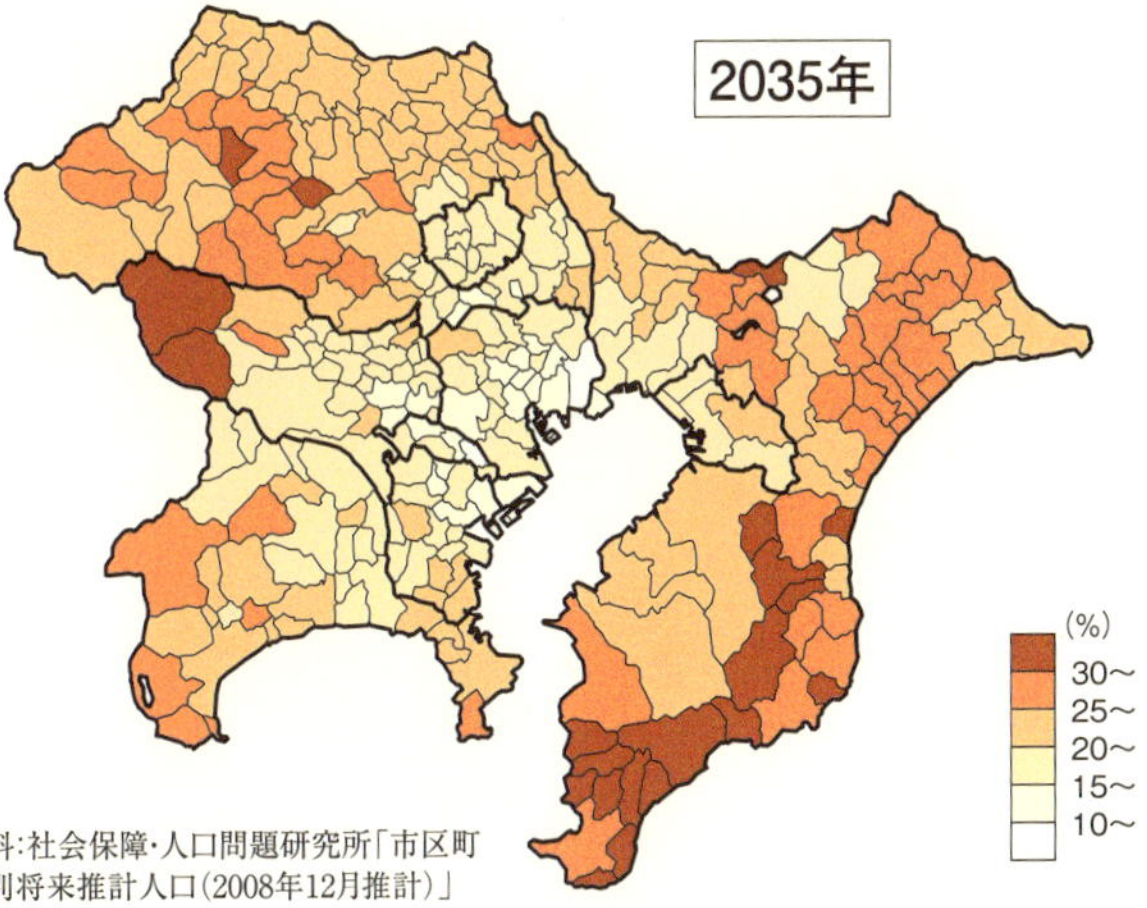

資料：社会保障・人口問題研究所「市区町村別将来推計人口（2008年12月推計）」

郊外住宅の人口は減り、高齢者の割合が2倍になる!!

図5　65歳以上の人口の割合の増加率

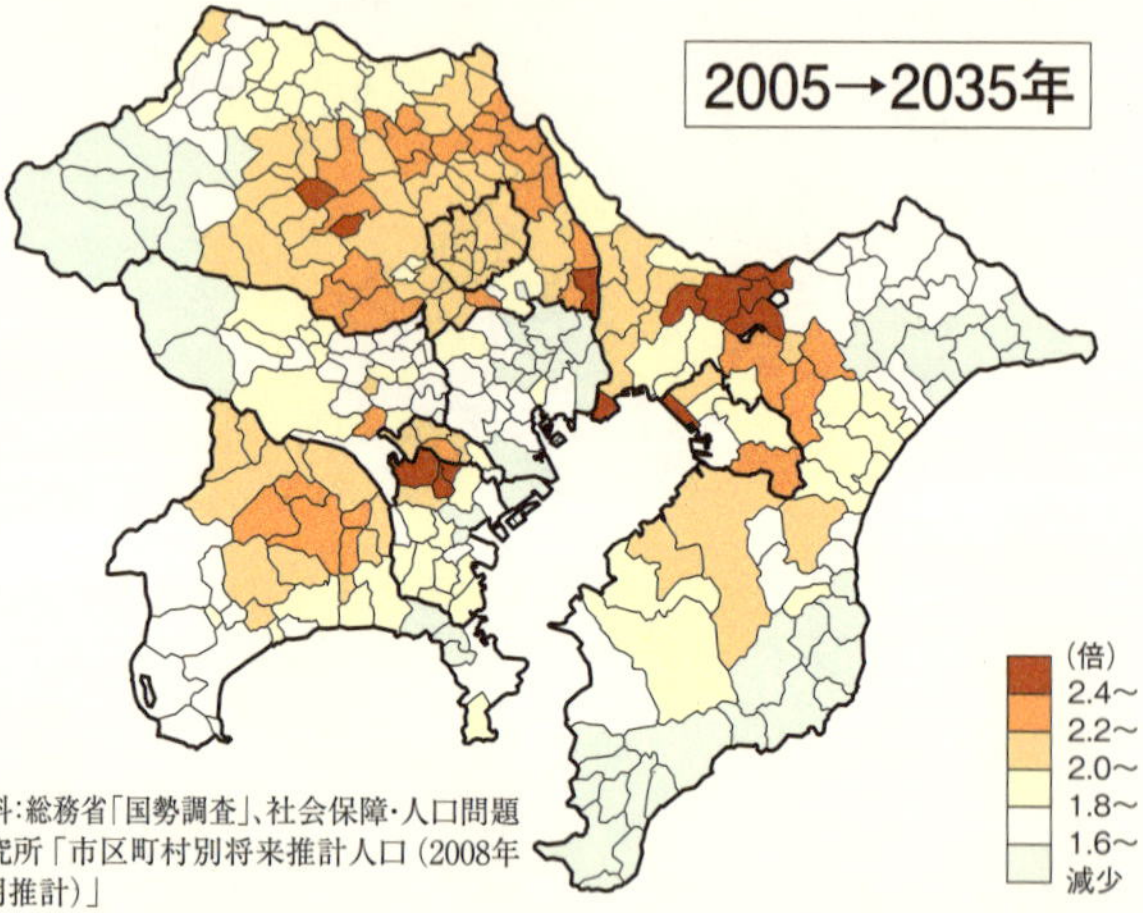

資料:総務省「国勢調査」、社会保障・人口問題研究所「市区町村別将来推計人口(2008年12月推計)」

図6　人口減少率

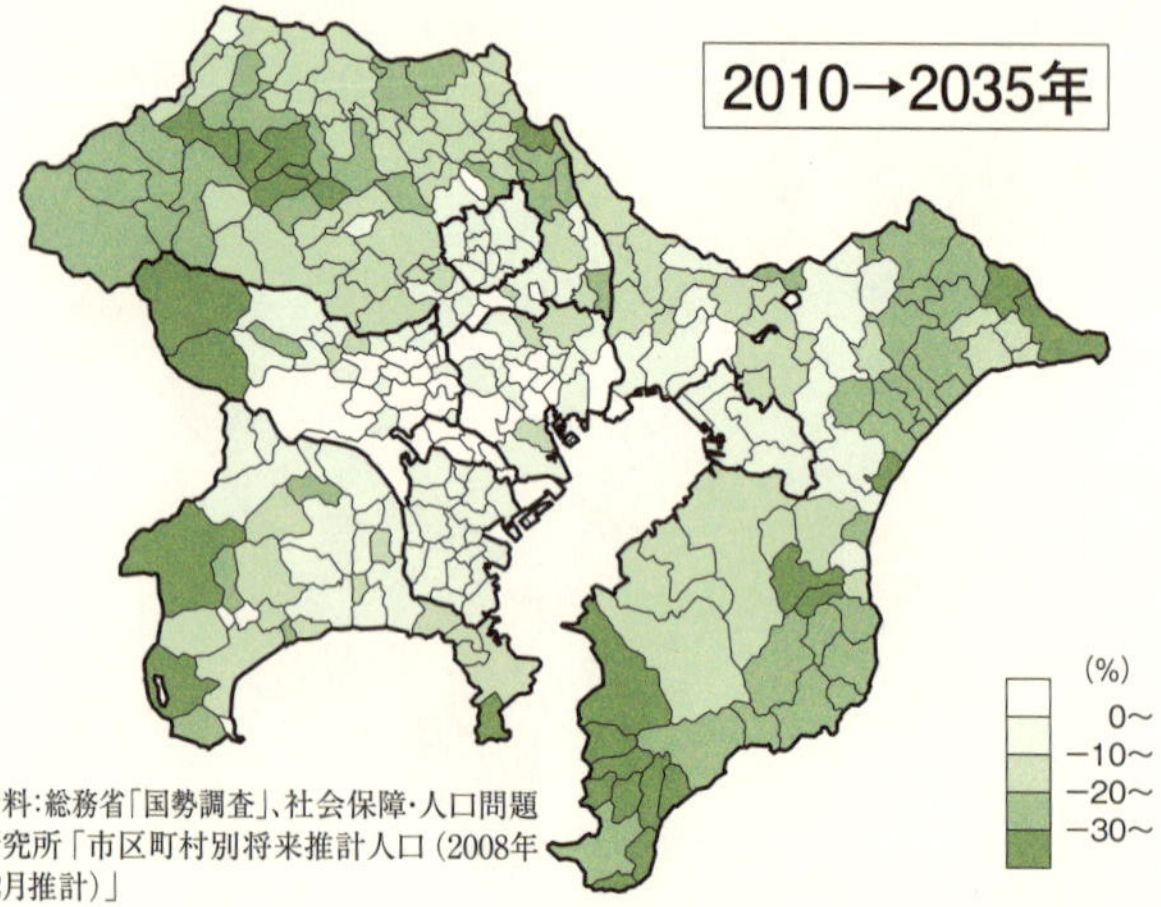

資料:総務省「国勢調査」、社会保障・人口問題研究所「市区町村別将来推計人口(2008年12月推計)」

一人暮らしの老人が郊外で激増中!

図7−1　65歳以上の単身者世帯率　2010年

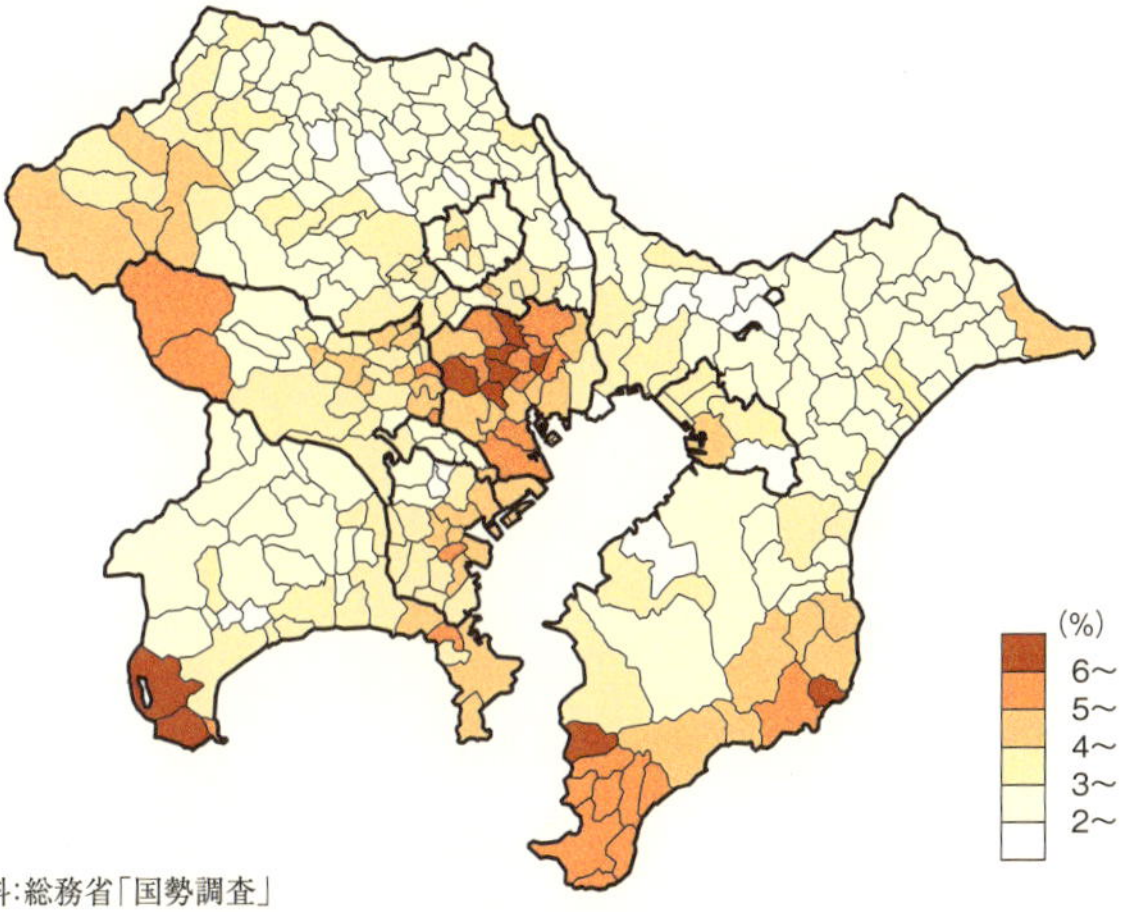

資料:総務省「国勢調査」

図7−2　65歳以上の単身者世帯増加率　2005→2010年

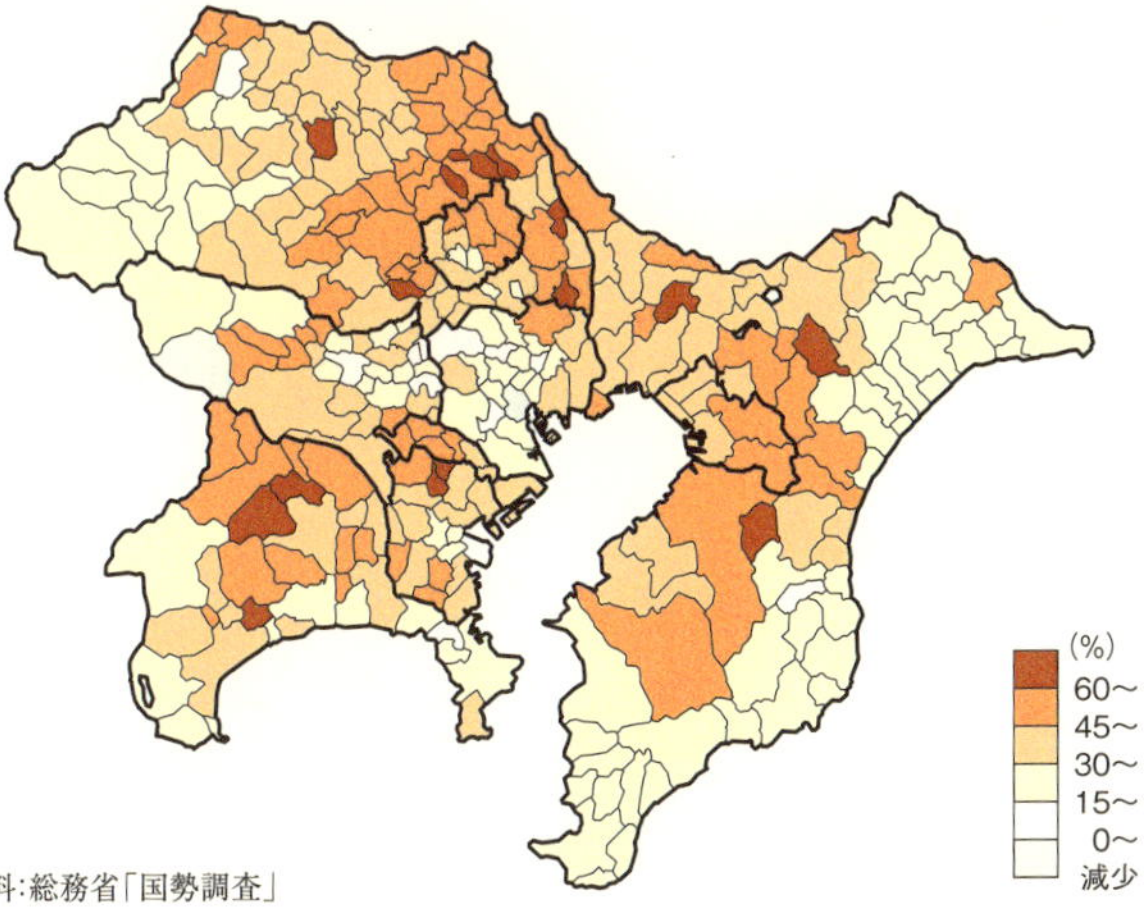

資料:総務省「国勢調査」

郊外で育った団塊ジュニアが多様化

図8　団塊ジュニアの人口の割合

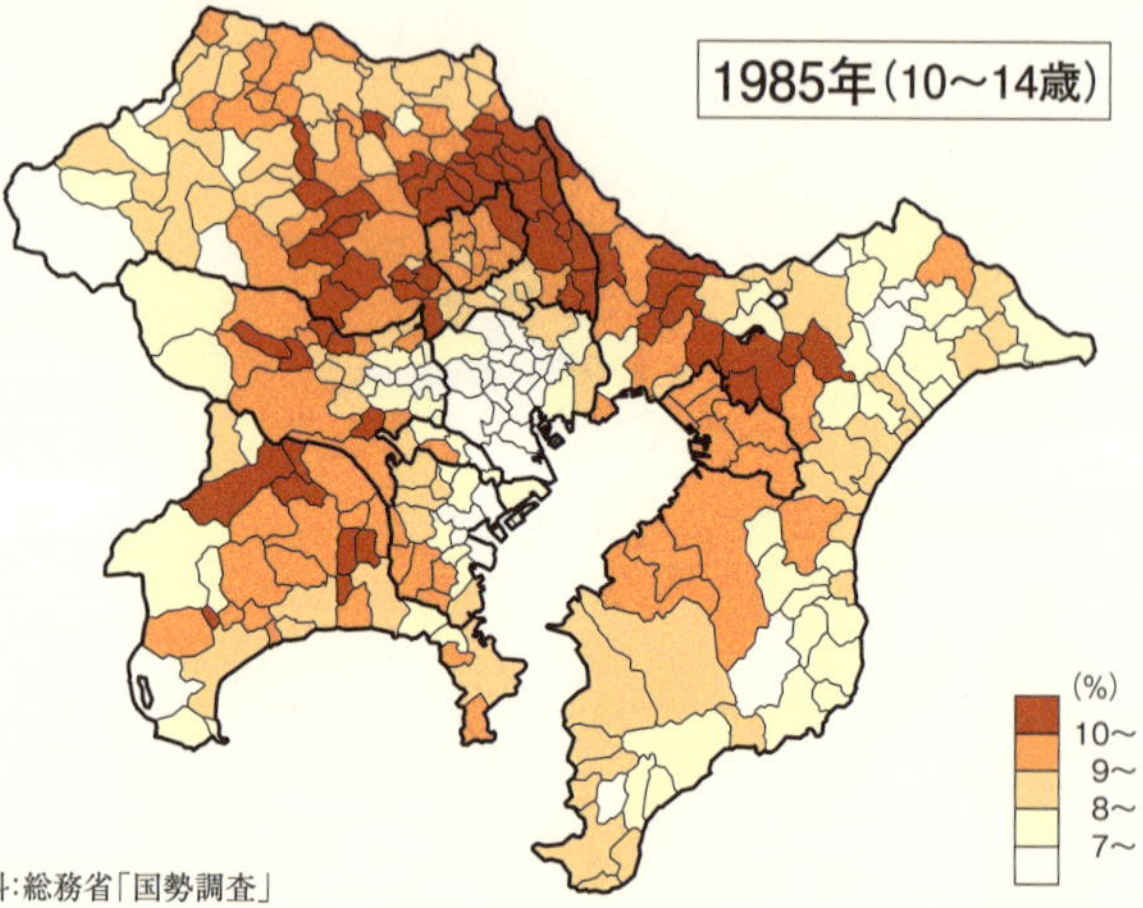

資料：総務省「国勢調査」

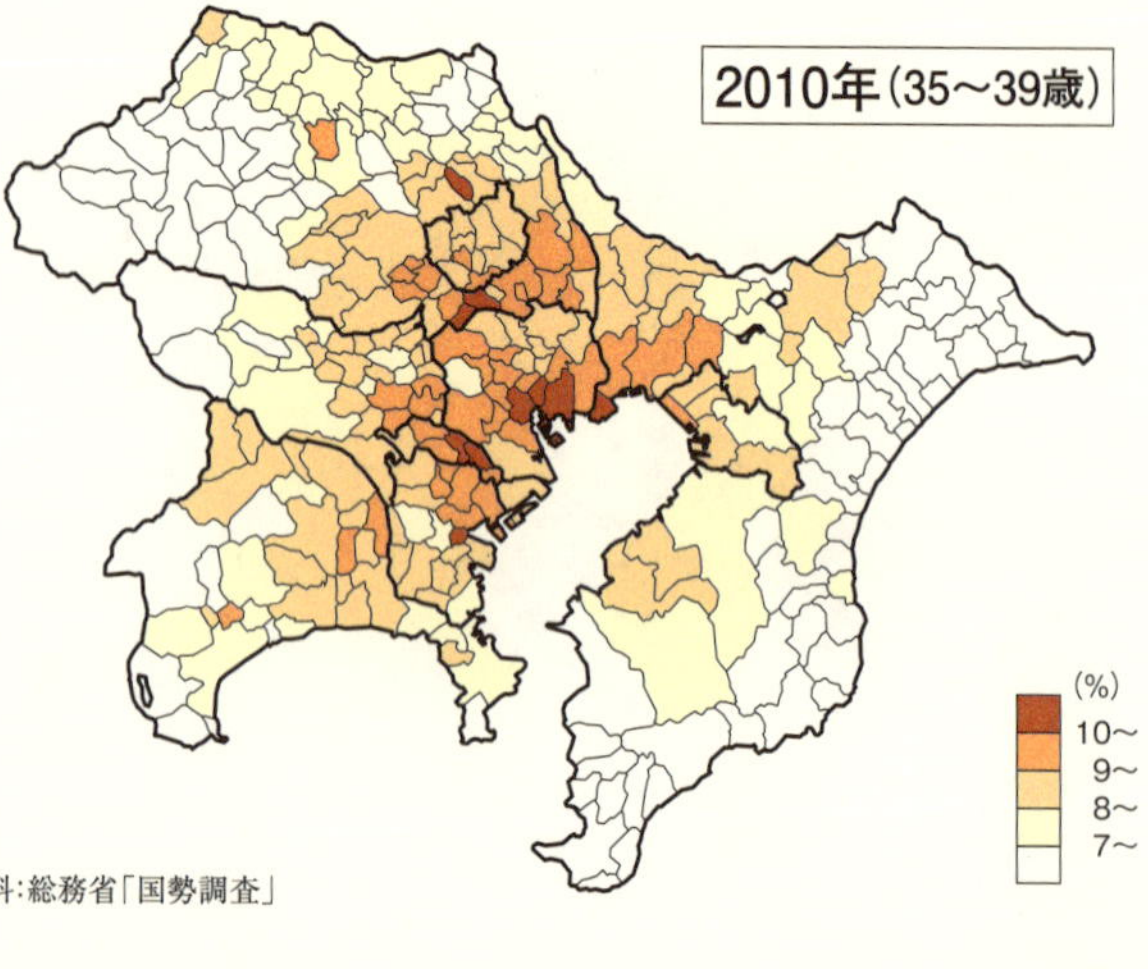

資料：総務省「国勢調査」

団塊ジュニアが現在多い地域は人口も増加

図9　全人口の増加率　2005→2010年

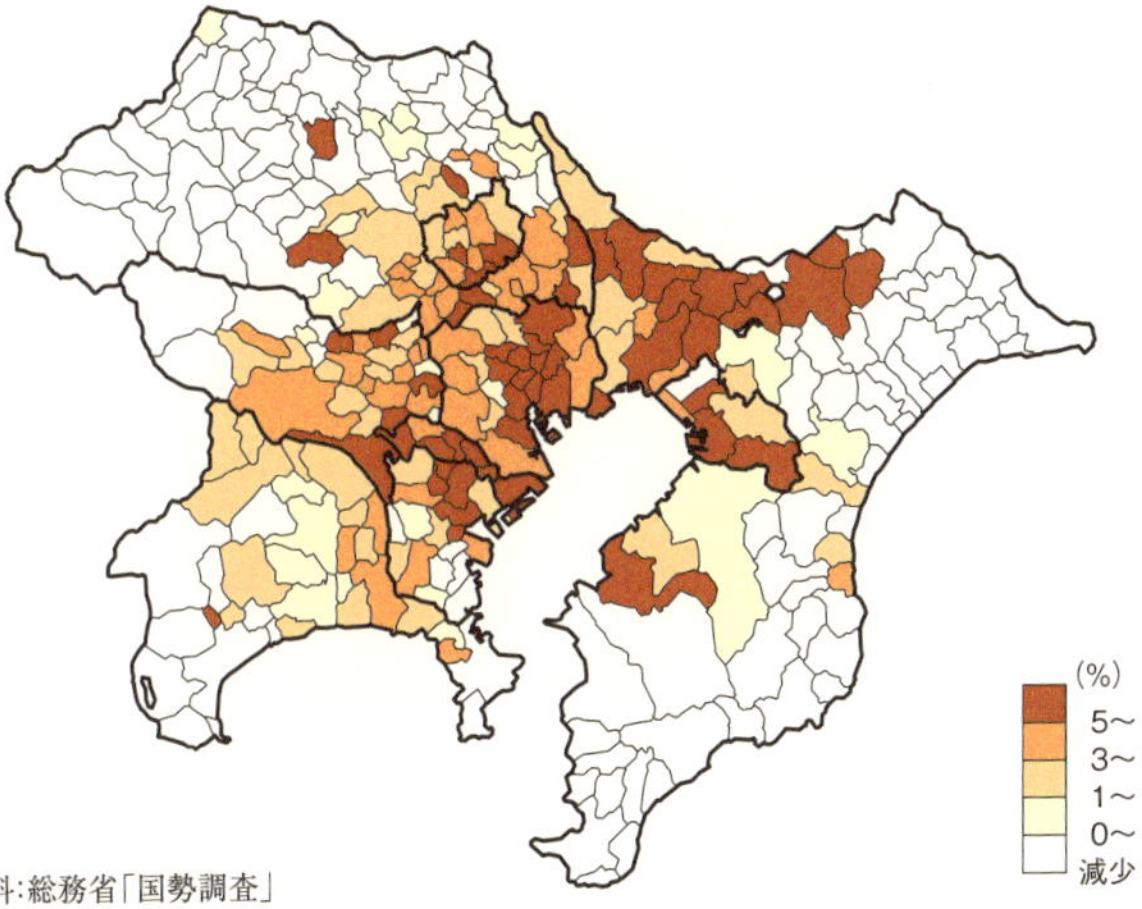

資料:総務省「国勢調査」

千葉ニュータウンの住宅

人口増地域は団塊ジュニア女性の既婚率高い

図10　団塊ジュニアの既婚率（2010年）

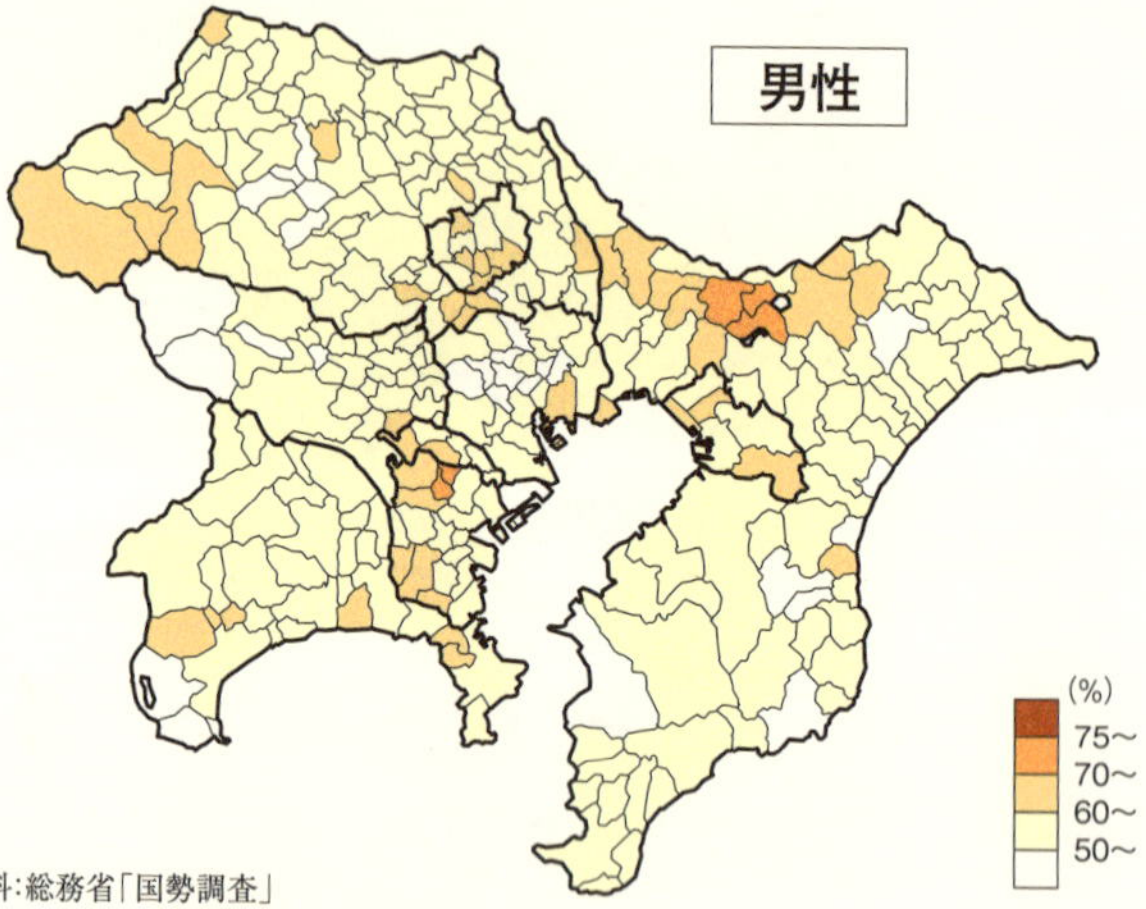

資料：総務省「国勢調査」

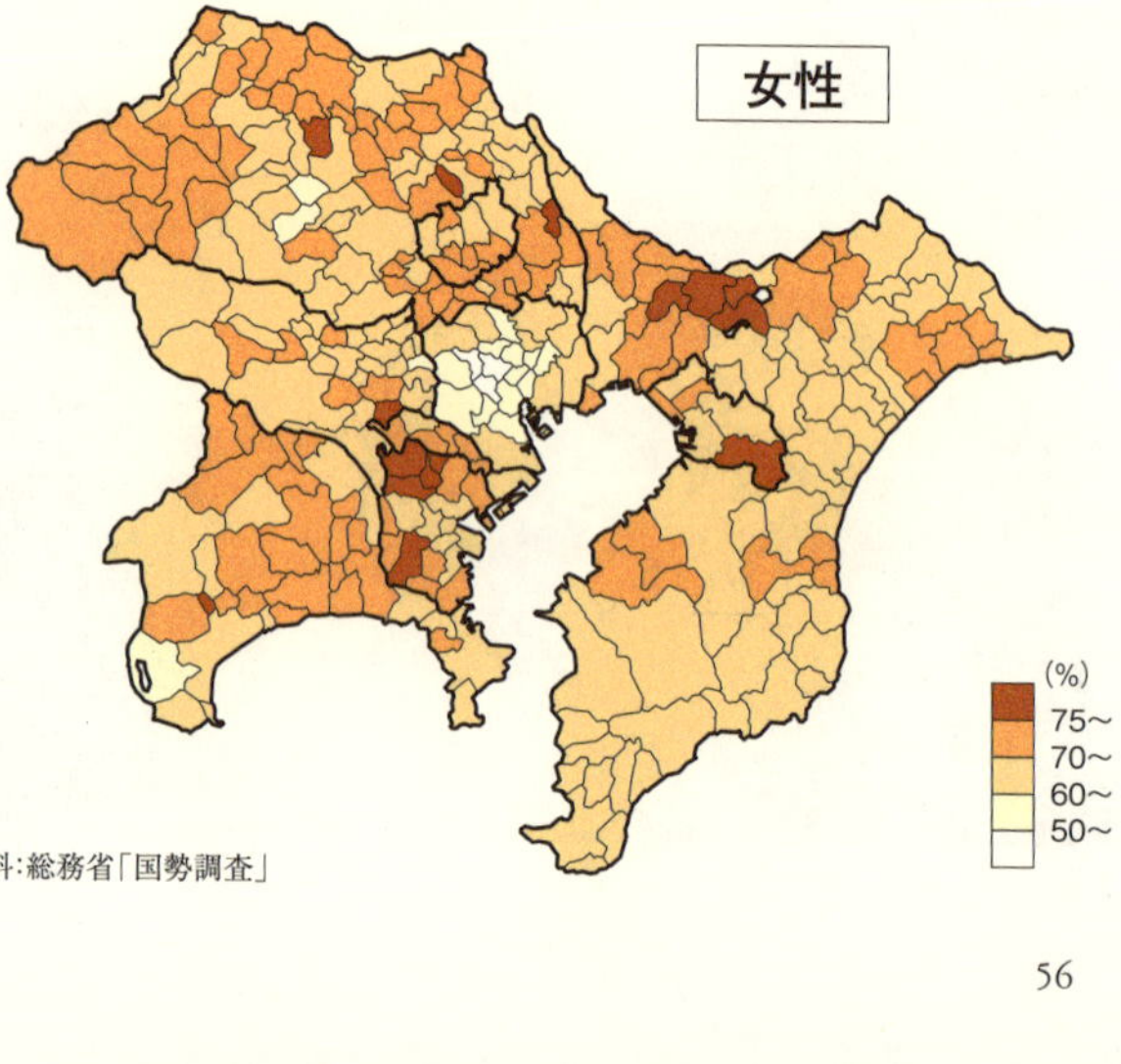

資料：総務省「国勢調査」

未婚親元暮らしは郊外に多い

図11　団塊ジュニアの未婚親元暮らしの割合（2010年）

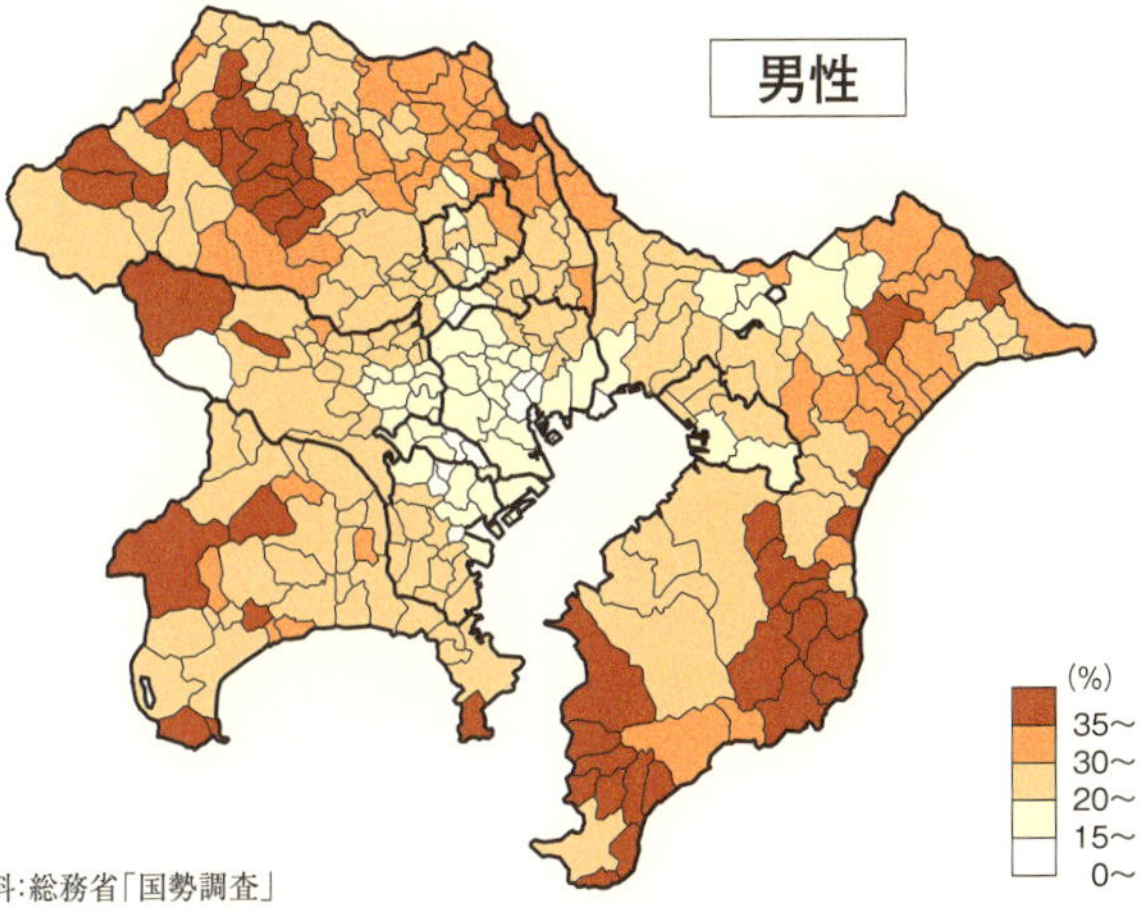

資料：総務省「国勢調査」

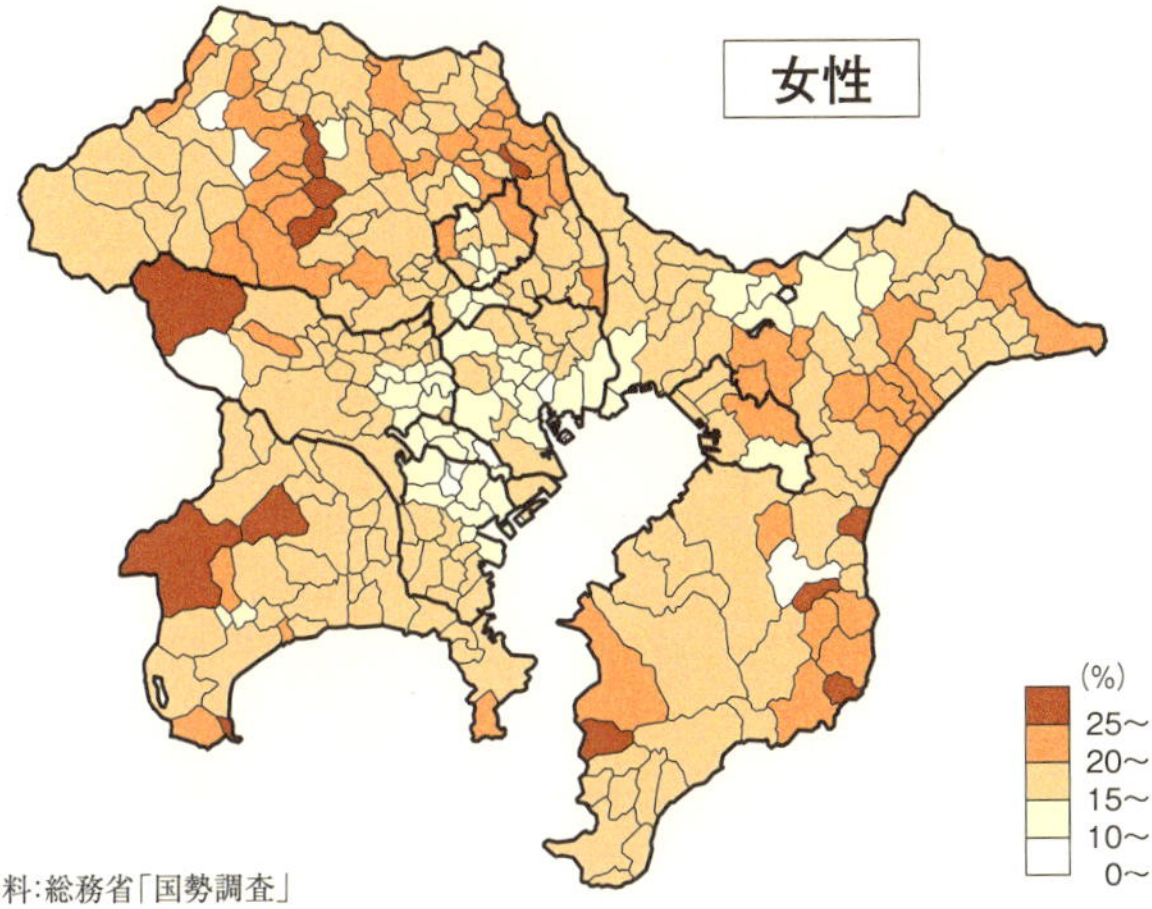

資料：総務省「国勢調査」

団塊ジュニアの未婚一人暮らしは23区西側で多い

図12　団塊ジュニアの未婚一人暮らしの割合（2010年）

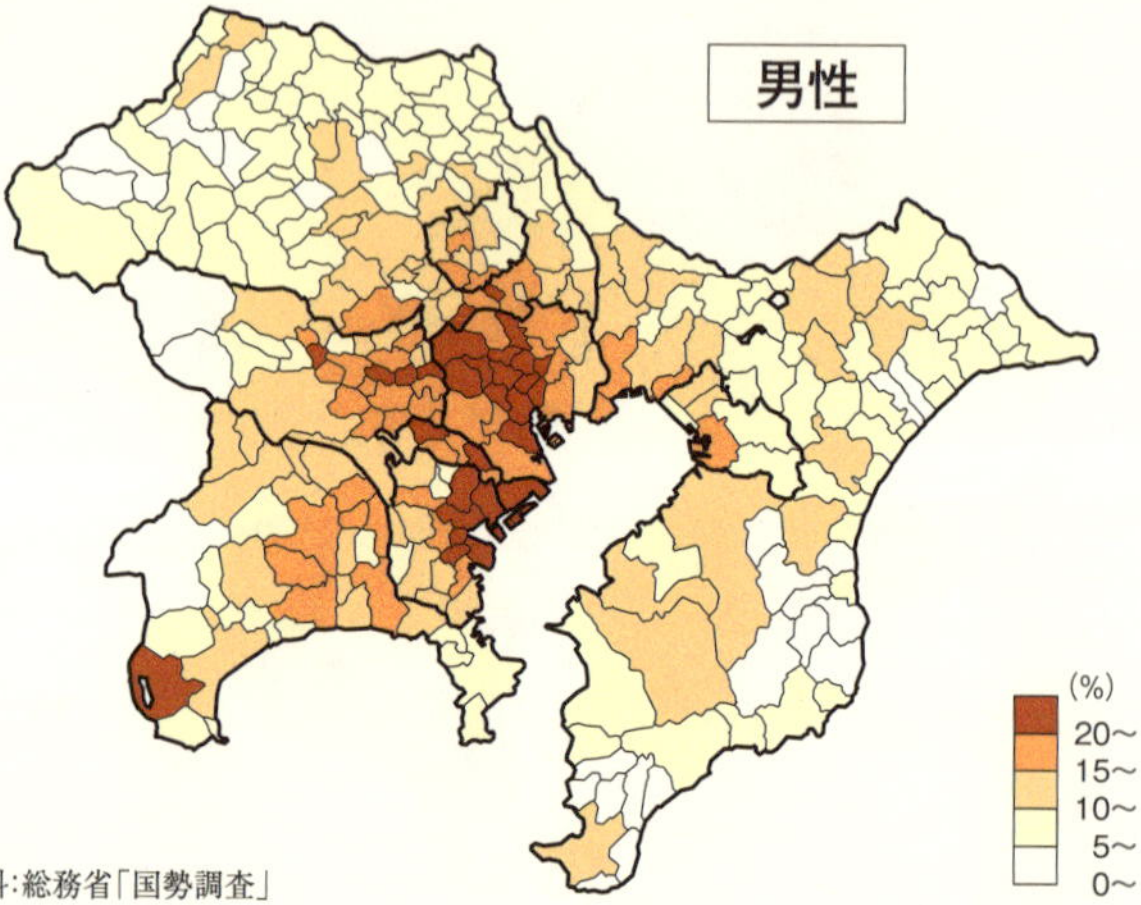

資料：総務省「国勢調査」

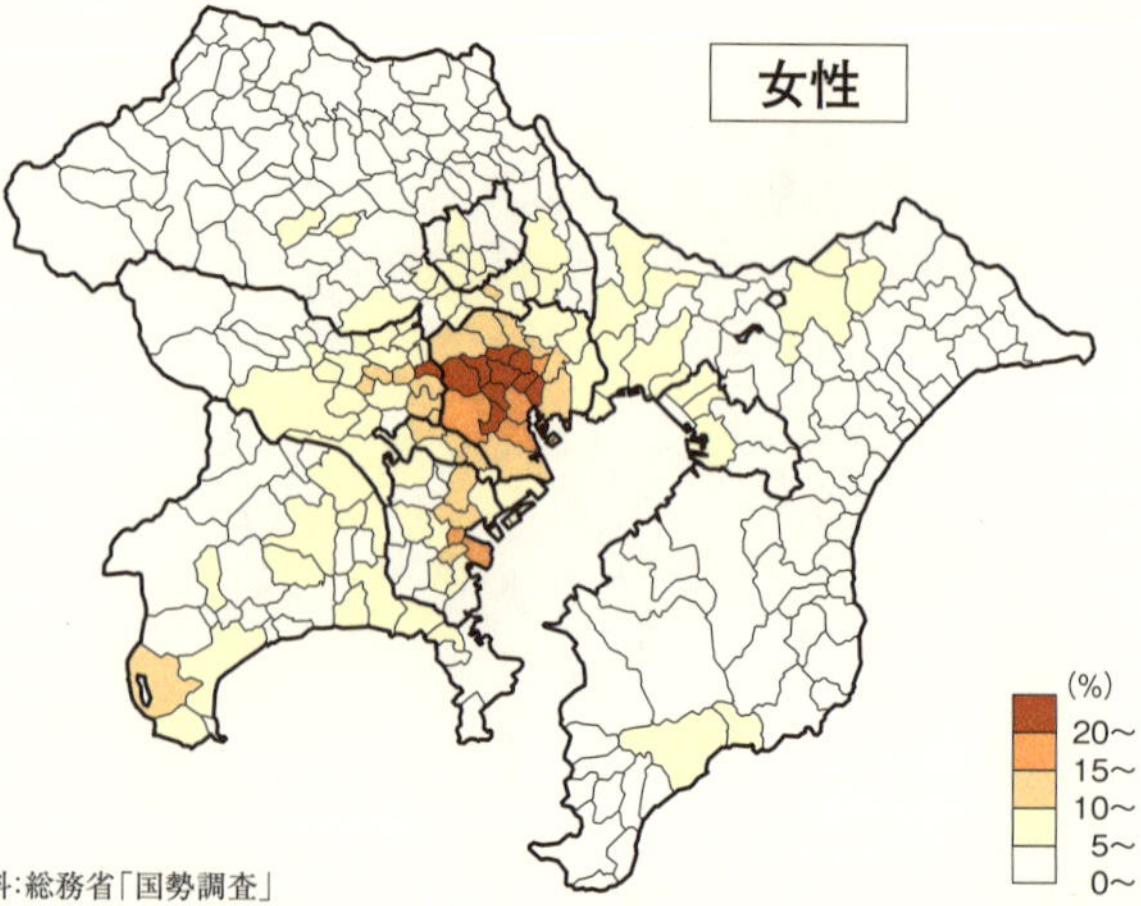

資料：総務省「国勢調査」

23区外縁部から郊外に多い未婚親元暮らし

図13　団塊ジュニアの未婚親元暮らし推計人口（2010年）

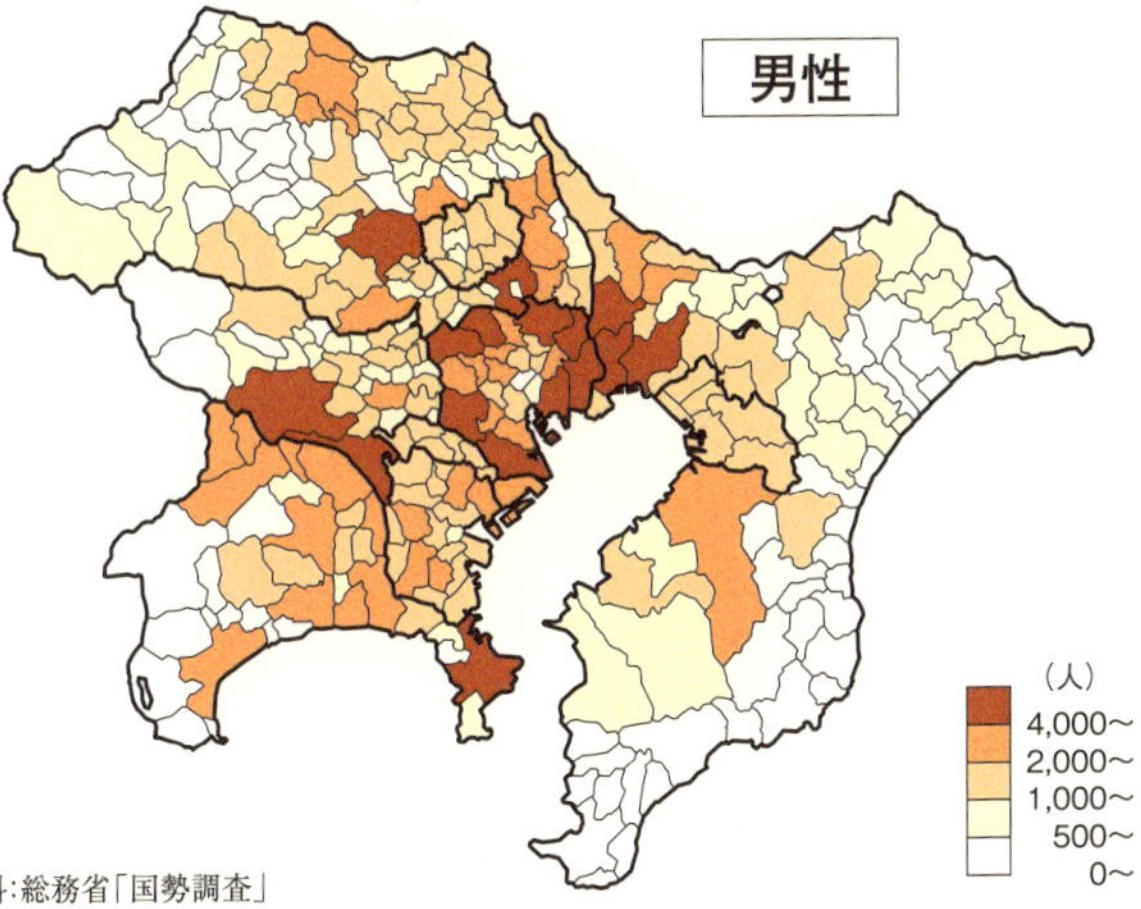

資料：総務省「国勢調査」

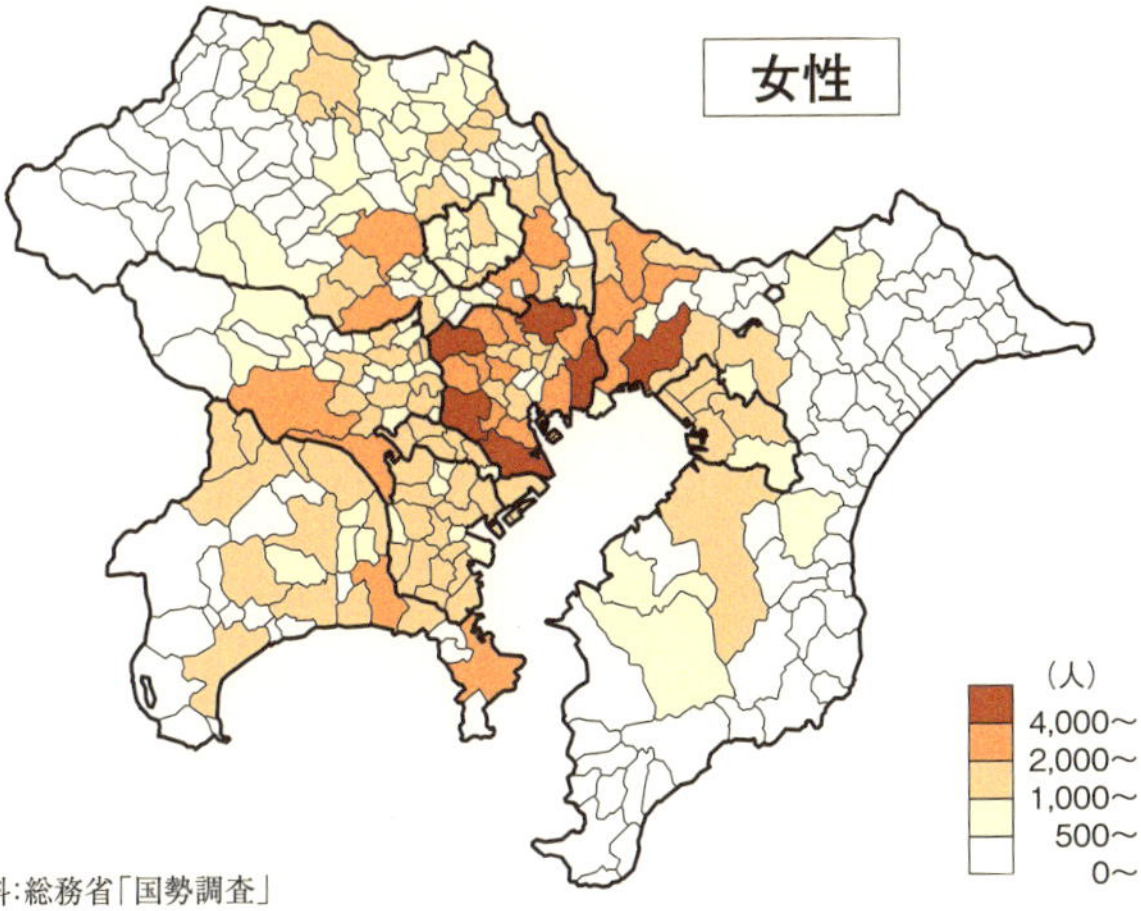

資料：総務省「国勢調査」

定住希望は城南部で高い

図14　今住んでいるブロックにこれからも住みたい人の割合（20〜60代男女）

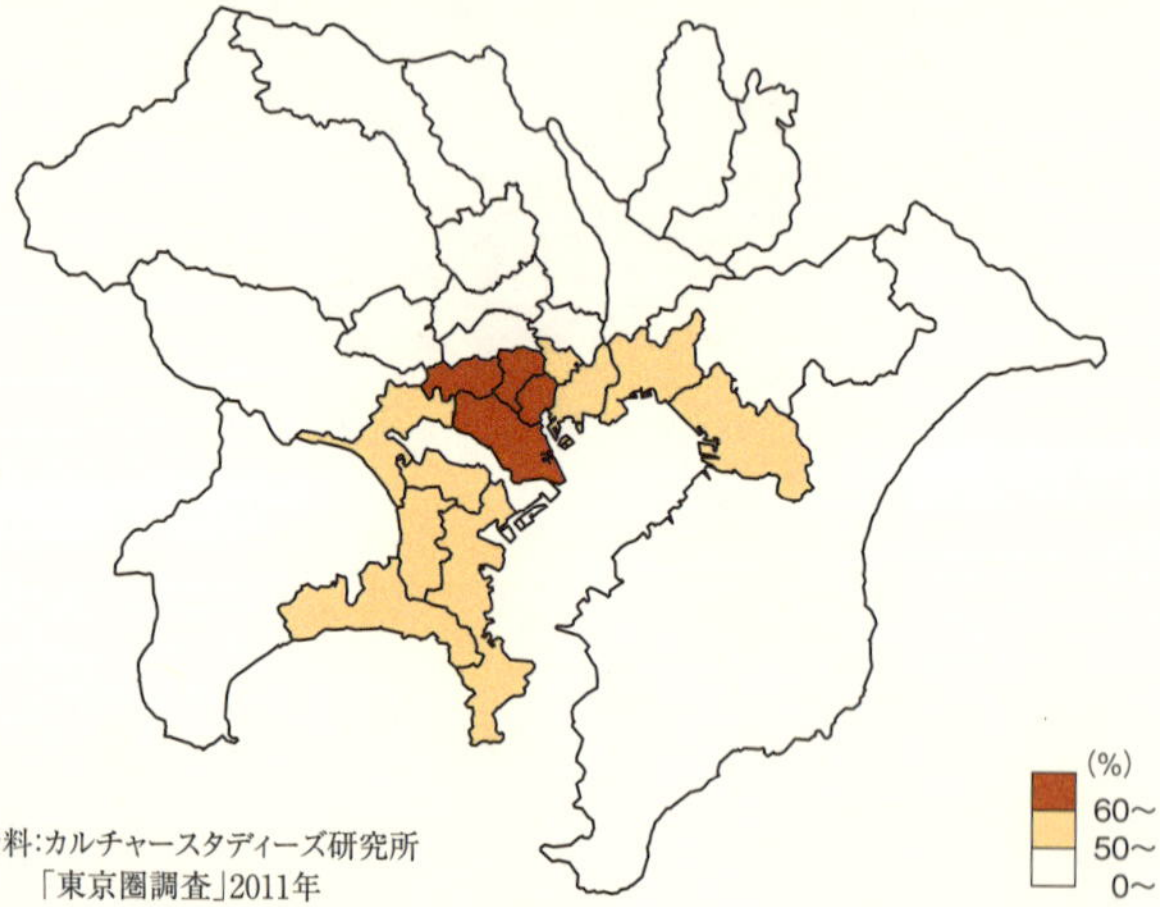

資料：カルチャースタディーズ研究所
「東京圏調査」2011年

図15　今住んでいるブロックに10年後も住んでいたい割合（20〜30代女性）

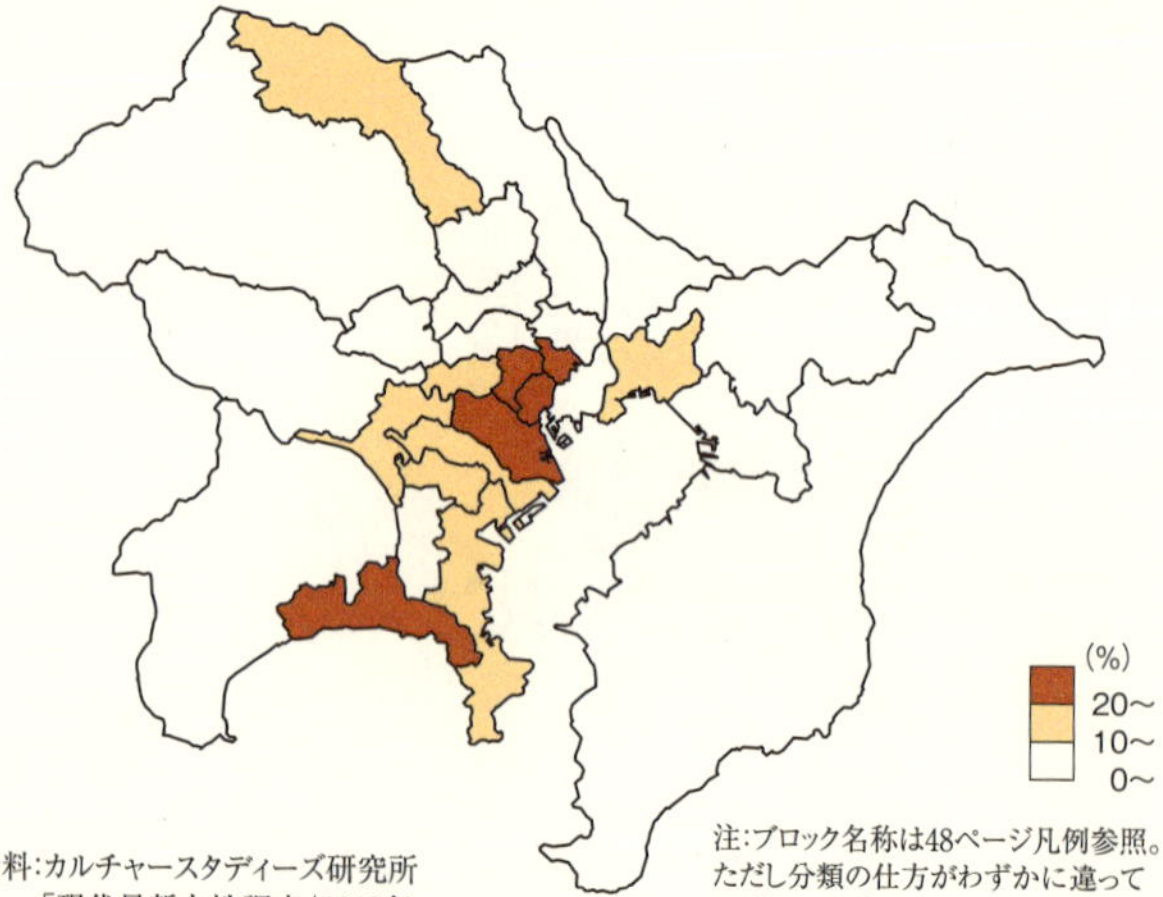

資料：カルチャースタディーズ研究所
「現代最新女性調査」2010年

注：ブロック名称は48ページ凡例参照。ただし分類の仕方がわずかに違っているところがある。

ニュータウンの過去・現在・未来

1980年　ニュータウン

父33歳　母31歳
子ども7歳と4歳

団塊世代の典型的な核家族がどの家にも住んでおり、
同じようなマイカーを所有していた。

イラスト：緒方大地

ニュータウンの過去・現在・未来

2010年　オールドタウン

父63歳で定年　母61歳
子ども37歳と34歳
孫７歳と４歳

子どもが2人とも独立して夫婦だけになった家、
子どもが未婚で親と同居を続けている家、
長男が結婚し孫ができて三世代同居している家、
すでに父が死去し、母一人暮らしの家など多様化している。
大家族では8人乗りのワンボックスカーに買い換えた。

ニュータウンの過去・現在・未来

2040年　ゴーストタウン

父93歳　母91歳
子ども67歳と64歳

老人夫婦だけの家、独居老人の家、
母が寝たきりになっているが子どもが同居している家、
空き家になった家など、街がさびれてくる。
孫やひ孫が同居する家はない。
庭木の手入れも高齢者だけでは十分にできない。
高齢化したのでマイカーを売った家が増えたが、
バスなどはなく、買い物をするにも不便である。

ニュータウンの過去・現在・未来

2040年　ゴールドタウン

父93歳　母91歳
子ども67歳と64歳
孫37歳と34歳
ひ孫７歳と４歳

父母が死去し、長女夫婦と孫夫婦、
ひ孫が三世代同居している家、
孫夫婦が実家の隣の空き地を買い取り新築した家、
空き家をシェアハウスにして若者を住まわせた家もある。
また、空き地を小公園や市民農園、ドッグランなどにし、
緑を増やし、それに面した空き家をコミュニティカフェにして
住民自身が運営している。
マイカーを持つ人が減ったので、
コミュニティバスを運行させている。

第2章　発展する街・衰退する街はどこか？

発展するのは東急田園都市線？　中央線？　さいたま市？

カルチャースタディーズ研究所では、２０１１年に株式会社リクルート住宅カンパニー、ホットペッパーグルメリサーチセンターとともに、東京圏に住む20歳から69歳までの男女５９３２人を対象に、東京圏に関するアンケート調査を行った（なお、本調査では東京圏に１都３県以外に茨城県の常磐線沿線とつくばエクスプレス沿線を加えた）。

本章ではその結果をもとに、東京圏に住む人々が、今後東京のどの地域が発展する、あるいは衰退すると思っているのかなどを見ていく。その際、一般人だけでなく、「ビジネスコンサルタント、シンクタンク関連」である人（以下「コンサルタント系」）と「企画、マーケティング、宣伝、MD、バイヤー」である人（以下「マーケティング系」）の回答も集計することにした。なぜなら、これらの職種に就いている人々が、より専門的な視点で東京圏の将来を予測できると考えられるからである。

まず、東京圏を29ブロックに分け（48ページ参照）、これから発展するのはどのブロックかをたずねた。結果は、「都心3区」が21・9％、「副都心など4区」が21・5％と多かった（表2－1）。

以下、「城南4区」12・2％、「下町3区」7・4％、「つくばエクスプレス沿線」6・9％、「東急田園都市線沿線」6・1％であり、都心部から城南、東急田園都市線へと連なる東京の西南ゾーン（国道246号線ゾーンとも言われる地域）が、今後最も発展すると思われている。これまでのトレンドの延長線上に東京の発展があると考えられているのである。しかし、都心や副都心が発展すると思っている人が2割程度というのは、かなり少ない気がする。

それ以外に発展すると予測されているのは「下町3区」だが、これはスカイツリー効果を考えているのであろう。「つくばエクスプレス沿線」については、開発が始まったばかりの新しい地域であるから、発展が期待されるのは当然であろう。

コンサルタント系はつくばエクスプレス沿線など低開発地の発展を、マーケティング系は中央線、さいたま市などの住宅地の発展を予測

表2−1　どのブロックが発展、衰退すると思うか

(%)

	発展する			衰退する			発展と衰退の差		
	全体	コンサルタント系	マーケティング系	全体	コンサルタント系	マーケティング系	全体	コンサルタント系	マーケティング系
都心3区	21.9	34.6	31.1	5.5	3.8	9.5	16.4	30.8	21.6
副都心など4区	21.5	26.9	27.0	3.0	0.0	4.1	18.5	26.9	22.9
城南4区	12.2	19.2	6.8	2.4	3.8	2.7	9.8	15.4	4.1
中央線近郊	6.5	7.7	10.8	1.8	0.0	0.0	4.7	7.7	10.8
城北3区	1.5	0.0	5.4	3.2	3.8	5.4	−1.7	−3.8	0.0
下町3区	7.4	0.0	6.8	3.5	3.8	4.1	3.9	−3.8	2.7
新下町2区	1.9	0.0	1.4	4.1	7.7	1.4	−2.2	−7.7	0.0
湾岸2区	4.2	3.8	5.4	5.9	15.4	5.4	−1.7	−11.6	0.0
中央線多摩	3.1	7.7	2.7	2.5	0.0	4.1	0.6	7.7	−1.4
京王線・小田急線の都内郊外	4.9	0.0	6.8	2.4	3.8	2.7	2.5	−3.8	4.1
西武線	1.6	0.0	4.1	2.8	3.8	5.4	−1.2	−3.8	−1.3
横浜東部・京急線	4.7	3.8	8.1	1.2	0.0	1.4	3.5	3.8	6.7
横浜西部	2.8	0.0	6.8	0.9	3.8	1.4	1.9	−3.8	5.4
東急田園都市線沿線	6.1	11.5	9.5	0.7	3.8	0.0	5.4	7.7	9.5
南武線	2.9	7.7	5.4	1.1	3.8	1.4	1.8	3.9	4.0
湘南	3.2	3.8	2.7	1.8	7.7	0.0	1.4	−3.9	2.7
相模原以西	1.9	3.8	0.0	2.0	3.8	2.7	−0.1	0.0	−2.7
さいたま市	5.4	3.8	10.8	1.3	0.0	2.7	4.1	3.8	8.1
高崎線沿線	0.6	0.0	0.0	4.0	3.8	4.1	−3.4	−3.8	−4.1
埼玉南部	2.1	0.0	1.4	1.8	3.8	1.4	0.3	−3.8	0.0
東武スカイツリーライン沿線	1.4	7.7	1.4	2.4	3.8	8.1	−1.0	3.9	−6.7
川越以西	0.7	0.0	1.4	3.0	3.8	4.1	−2.3	−3.8	−2.7
千葉市	1.0	3.8	0.0	2.6	0.0	4.1	−1.6	3.8	−4.1
千葉湾岸	2.0	3.8	4.1	9.5	26.9	5.4	−7.5	−23.1	−1.3
房総	0.4	0.0	0.0	8.2	3.8	10.8	−7.8	−3.8	−10.8
柏・松戸方面	1.5	11.5	2.7	3.7	3.8	8.1	−2.2	7.7	−5.4
千葉ニュータウン方面	2.4	3.8	4.1	4.3	7.7	1.4	−1.9	−3.9	2.7
常磐線沿線	0.2	0.0	0.0	8.8	7.7	12.2	−8.6	−7.7	−12.2
つくばエクスプレス沿線	6.9	11.5	5.4	4.3	3.8	5.4	2.6	7.7	0.0
わからない	41.3	19.2	20.3	54.4	34.6	35.1	—	—	—

資料:カルチャースタディーズ研究所「東京圏調査」2011年

職種別に見ると、コンサルタント系では「都心3区」が34・6%と特に多く、また「城南4区」も19・2%と多い。その他、「中央線近郊」「東急田園都市線沿線」「南武線」も平均より多く、概して東京の西側が発展すると考える傾向がコンサルタント系にはある。コンサルタント系は、回答者全員の傾向と同じく、これまでのトレンドの延長線上に東京の発展があると考え、むしろ都心から「東急田園都市線沿線」までの重要性が高まるとすら考えているのである。

また、コンサルタント系は、「東武スカイツリーライン沿線」「柏・松戸方面」についても発展すると考える人が平均よりもずっと多い。「つくばエクスプレス沿線」についても平均より多い。コンサルタント系は、これまで西側よりも開発が遅れていた東側の郊外のブロックについて、今後の発展を期待しているようである。

それに対して、マーケティング系の人々は「中央線近郊」が多く、また、「城北3区」「下町3区」「さいたま市」が発展すると考える人がコンサルタント系よりかなり多い。彼らはどちらかと言うと、都心近くでありながら、これまで流行の先端だとは思われてこなかった地域に注目していると言える。

あとで詳しく述べるが、コンサルタント系とマーケティング系の認識の違いは、いわば

「住みたい街」と「住んでよかった街」の違いに対応しているとも言える。

コンサルタント系は、いわばブランド志向であり、従来型の価値観から見て、おしゃれ、ファッショナブル、流行や時代の先端、成功、ステイタスなどが評価されているブロックが今後も発展すると考えている。つまり、「住みたい街」で人気の上位にあがるような地域が今後も発展すると思っているのである。

これに対してマーケティング系は、「住みたい街」が今後も発展することは認めながらも、実際に住んでみたら意外に楽しい、便利だ、生活しやすいと評価されるような街が今後発展すると考えている節がある。

たとえば、マーケティング系の人々が発展すると予測する「中央線近郊」には、たしかに「住みたい街」ナンバーワンに毎年ランクされる吉祥寺があるが、それ以外の荻窪、阿佐ヶ谷、高円寺、三鷹などは「住みたい街」のベストテンにはあがらない。中野がやっと9位である（表2‐2）。

しかし実際は、多くの人は吉祥寺には住めない。家賃が高いし、駅の近くに手頃な物件が少ないからである。「住みたい街ナンバーワン」は「住めない街ナンバーワン」なのだ。

そこで人々は、阿佐ヶ谷、高円寺、中野などに住む。住んでみると、阿佐ヶ谷は吉祥寺よ

中野、町田、三鷹などは住んでみてよかった街として高評価

表2−2　住みたい／住んでよかった街（2012年版）

住みたい街			住んでよかった街		
順位	全体	点数	順位	全体	点数
1	吉祥寺	900	1	横浜	97
2	横浜	521	2	吉祥寺	77
3	自由が丘	263	3	中野	68
4	鎌倉	186	4	町田	53
5	大宮	185	5	三鷹	51
6	下北沢	180	6	荻窪	50
7	新宿	156	7	国立	47
8	二子玉川	156	8	府中	46
9	中野	150	9	調布	42
10	代官山	120	10	阿佐ヶ谷	41
11	池袋	118	11	練馬	41
12	品川	118	12	茅ヶ崎	40
13	恵比寿	117	13	高円寺	39
14	中目黒	111	14	つくば	39
15	武蔵小杉	105	15	川越	37
16	川崎	103	16	船橋	36
17	目黒	98	17	鶴見	36
18	三鷹	98	18	川崎	35
19	高円寺	93	19	浦和	35
20	東京	89	20	大船	35
21	立川	87	21	大宮	34
22	三軒茶屋	80	22	橋本	34
23	渋谷	79	23	武蔵小杉	33
24	千葉	79	24	川口	33
25	田園調布	77	25	千歳烏山	32
26	みなとみらい	77	26	上大岡	30
27	浦和	76	27	成増	30
28	国立	73	28	葛西	29
29	北千住	73	29	相模大野	28
30	荻窪	72	30	立川	27

資料:リクルート

りも静かで、落ち着くし、おいしい店も多い。高円寺には若い人が多く、活気がある。中野には安い居酒屋がたくさんある。住みたいと思って住んだわけではないが、住んでみたらよかったと思える街なのである。

こうした傾向があることは、リクルートの調査でも現れている（表２－２）。住みたい街９位の中野は、住んでよかった街では３位である。住みたい街では30位にも入らなかった阿佐ヶ谷は、住んでよかった街では10位である。

また、マーケティング系が今後発展すると予測する「城北３区」でも、安い飲み屋がたくさんある北区の赤羽、大きな商店街のある板橋区の大山、学生街の練馬区の江古田など、住んでよかったと思えるはずの街が多い。

赤羽はＪＲを使えば山手線東側の上野、東京、新橋にも行けるし、西側の池袋、新宿、渋谷にも行ける。かつ地下鉄南北線のおかげで、飯田橋、青山、六本木、麻布にも１本で行ける。最近は駅の中にアトレができ、商業的にも充実してきた。実に便利なのである。

このようにマーケティング系の人々は、住みたい街、ブランド性のある街だけではなく、住んでよかった街、都心に近く、実用的で便利な街という視点で今後のブロックの発展性を考えていると言えそうである。言い換えると、生活の場として便利な街、のびのび生活できる街のほうで、豊かな発想を持って新しいビジネスを考えていかねばならないこれからの時代にあっては、メリットが大きいと考えているのだろう。特に「中央線近郊」は、アメリカの社会学者、リチャード・フロリダの提唱する「クリエイティブ・シティ」的である。自由な風土があり、新しい発想が生まれやすいのだ。

衰退するブロックの予測には震災の影響あり

逆に衰退するブロックと思われているのはどこか。「わからない」という回答が全体で54・4％と多く、特定のブロックに集中する傾向はあまりないが、9％前後あるのが「千葉湾岸」「房総」「常磐線沿線」である（表2－1）。これは、大震災後に「千葉湾岸」では液状化が、「房総」では津波が、「常磐線沿線」では放射能問題が心配された結果ではないかと思われる。

職種別では、コンサルタント系は、「千葉湾岸」が衰退するという回答が26・9％と非常に多い他、東京の「湾岸2区」も15・4％と多くなっている。

コンサルタント系は、リスクを回避するための助言をする仕事のためか、震災後の影響を受けた回答が平均よりもかなり多いのである。

マーケティング系は、そういうリスク回避型の傾向はあまりない。むしろ、「都心３区」が衰退するという回答が９・５％もあるのが特徴的である。あとで見るように、マーケティング系の人々は、都心にすべてが集中した都市構造よりも、郊外に店や文化施設や職場が分散した都市構造を望んでいるからであろう。

また「湘南」は、コンサルタント系では「発展」よりも「衰退」を予測する人が多くなっている。これも、地震が起きたときの津波災害を想定しているものと思われる。コンサルタント系は「城北３区」「下町３区」「新下町２区」「湾岸２区」でも、「発展」よりも「衰退」を予測する人が多くなっているが、これも地盤の弱さをリスクとして想定しているからであろう。

「横浜東部・京急線」「さいたま市」「下町４区」も発展の可能性

次に、「オフィス街として伸びると思うブロックはどこか」という質問への回答は、「都心３区」「副都心など４区」「城南４区」に集中した（76ページ表２‐３）。

職種別では、コンサルタント系は、「中央線近郊」「横浜東部・京急線」「さいたま市」が７・７％。マーケティング系も「さいたま市」が８・１％あり、郊外にもオフィス街としての発展の可能性があると予測されている。

また、マーケティング系は「中央線近郊」「湾岸2区」が5・4％、「下町3区」も4・1％ある。コンサルタント系が城南から横浜にかけての西南部志向が強めであるのに対して、マーケティング系は東側にも可能性を感じている。

「これから自分のビジネスをしてみたいブロックはどこか」という聞き方では、コンサルタント系は「都心3区」が46・2％と圧倒的に多く、2位は「副都心など4区」ではなく、「城南4区」で19・2％、「横浜東部・京急線」も7・7％あり、コンサルタント系の人々は西南部志向が強いことが明らかだ。

ただし、コンサルタント系は「下町3区」だけは11・5％と多めである。これはやはりスカイツリー効果、あるいは国際観光都市としての東京の今後の発展をにらんでの回答ではないかと思われる。

マーケティング系は、「都心3区」と「副都心など4区」がいずれも3割台で、ほぼ同じ値である。また「中央線近郊」が6・8％あり、コンサルタント系よりもビジネスをしてみたい地域が23区の西側に薄く広がっている。

これは、マーケティング系が、企業人だけを相手に仕事をしているのではなく、消費者に

東京駅復元工事は、都心発展の起爆剤となるか？

副都心のさらなる発展を狙って、2012年4月、渋谷にヒカリエが開業

スカイツリーの開業によって、浅草などの下町の活性化が期待されている

再開発が進む世田谷区・二子玉川駅周辺

郊外もオフィス街として伸びる可能性あり

表2―3　これからオフィス街として伸びると思うブロック、自分のビジネスをしてみたいブロック（上位を抜粋）

（%）

	これからオフィス街として伸びると思うブロック			これから自分のビジネスをしてみたいブロック		
	全体	コンサルタント系	マーケティング系	全体	コンサルタント系	マーケティング系
都心3区	30.7	50.0	47.3	18.0	46.2	33.8
副都心など4区	23.8	34.6	29.7	15.5	15.4	31.1
城南4区	16.2	19.2	17.6	9.4	19.2	17.6
中央線近郊	3.6	7.7	5.4	3.3	3.8	6.8
城北3区	0.9	0.0	1.4	1.3	3.8	0.0
下町3区	3.4	0.0	4.1	2.4	11.5	5.4
新下町2区	0.9	0.0	1.4	0.9	3.8	0.0
湾岸2区	3.0	0.0	5.4	1.9	0.0	5.4
横浜東部・京急線	4.7	7.7	4.1	3.9	7.7	2.7
東急田園都市線沿線	1.7	3.8	1.4	1.7	3.8	1.4
南武線	1.5	3.8	0.0	1.3	0.0	0.0
湘南	0.6	0.0	2.7	2.4	3.8	2.7
さいたま市	8.0	7.7	8.1	3.4	3.8	2.7
柏・松戸方面	0.6	3.8	1.4	0.6	0.0	1.4
つくばエクスプレス沿線	3.1	3.8	4.1	2.0	0.0	0.0

資料：カルチャースタディーズ研究所「東京圏調査」2011年

近い仕事をしているためであろう。

また、「これから働いてみたいと思うのはどのブロックか。現実的にあり得る範囲で3つまでお答えください」という質問では、男女ともに、若い世代ほど「都心3区」「副都心など4区」「城南4区」で働きたい人が多くなっているが、若い世代ほど「中央線近郊」をあげる人が多く、女性よりも男性で「横浜東部・京急線」「横浜西部」をあげる人が多くなっている（表2‐4、5）。

若い世代の中央線志向は、先述した「住んでよかった街」と同じ

若い世代は近郊、郊外でも働いてみたいと思っている

表2−4　これから働いてみたいブロック(男性、上位抜粋)

(%)

	男性合計	20〜29歳	30〜39歳	40〜49歳	50〜59歳	60〜69歳
都心3区	28.1	36.3	29.3	33.3	25.2	16.5
副都心など4区	22.1	29.8	25.2	24.2	17.3	13.8
城南4区	11.8	17.5	10.8	11.0	11.3	8.5
横浜東部・京急線	7.3	9.0	5.5	6.2	8.2	7.7
さいたま市	5.4	6.0	6.2	6.2	4.7	4.0
横浜西部	4.5	5.8	3.5	3.2	3.7	6.2
中央線近郊	4.4	6.5	4.8	4.3	3.8	2.7
湘南	4.3	4.2	4.5	3.7	4.8	4.3
千葉湾岸	3.8	3.7	2.3	4.3	4.3	4.5
京王線・小田急線の都内郊外	3.7	3.8	4.3	2.2	3.8	4.2
下町3区	3.3	2.0	4.2	4.5	3.2	2.7
東急田園都市線沿線	3.1	2.0	2.0	2.8	4.3	4.5
南武線	2.6	2.2	3.0	2.2	4.0	1.7

表2−5　これから働いてみたいブロック(女性、上位抜粋)

(%)

	女性合計	20〜29歳	30〜39歳	40〜49歳	50〜59歳	60〜69歳
都心3区	22.9	31.8	25.5	22.0	18.0	16.2
副都心など4区	20.7	29.3	24.2	19.0	16.7	13.3
城南4区	12.2	15.7	14.7	9.7	11.3	9.6
横浜東部・京急線	5.7	7.2	6.0	5.8	5.7	3.6
さいたま市	5.5	4.5	4.2	7.3	5.5	5.8
中央線近郊	4.7	6.2	4.2	4.3	5.3	3.4
湘南	4.7	4.3	4.7	3.8	4.5	6.6
千葉湾岸	4.5	5.3	5.5	4.0	3.5	3.9
京王線・小田急線の都内郊外	3.8	5.0	4.0	2.5	4.0	3.6
東急田園都市線沿線	3.8	2.7	4.3	3.3	4.0	4.9
横浜西部	3.6	3.5	4.8	3.3	3.8	2.6
千葉市	3.4	3.7	4.2	1.8	4.0	3.2

資料:カルチャースタディーズ研究所「東京圏調査」2011年

背景を持っていると思われる。便利で楽しい街で働きたいという価値観の現れであろう。
また、女性よりも男性が横浜市やさいたま市を希望しているのは、実際に郊外から都心に通っている人が多いため、職住近接を望む人が男性に多いからではないかと思われる。

若い女性ほど世田谷ではなく中央線でOK

「これから買い物に行きたいブロック」としては、男女とも「副都心など4区」が最も多く、次いで「都心3区」であるが、若い世代ほど「都心3区」よりも「副都心など4区」を選ぶ傾向が強い。特に女性でその傾向が強く、20代では「都心3区」21・2％に対して「副都心など4区」が48・7％である（表2-6、7）。

都心の百貨店の不振が叫ばれて久しいが、男性よりも流行に敏感で買い物好きなはずの女性、しかも若い女性ほど都心に買い物に行きたい人が少ないとは、小売業にとっては大変な数字である。若い女性の関心が、都心で高級品を買うことから離れていっているということであろう。

とはいえ、副都心の百貨店も売り上げは伸び悩んでいるのだから、副都心志向は決して百貨店志向ではない。副都心には、ファッションビルや駅ビルなど多様な業態があり、商品の品揃えも多様性があるということが、支持される理由であろう。

また、男女とも「横浜東部・京急線」が11％台であるが、女性は「城南4区」が10・7％で、男性は8・7％と、やはり女性は西南部志向がやや強い。

年齢別に見ると、60代は、「城南4区」が男性7・2％、女性10％、「中央線近郊」が男性4・5％、女性6％であり、男女とも中央線より城南を好み、特に女性で城南志向が強い。

しかし20代では、「城南4区」が男性11・8％、女性9・8％、「中央線近郊」が男性8・2％、女性7・5％と、城南と中央線の差が減少し、かつ、女性のほうが城南志向が弱い。

買い物をする地域としては、中央線より世田谷区などの城南のほうがブランド性があり、おしゃれなイメージがあると思うが、若い世代では、中央線と城南の差があまりなくなっているようなのである。しかも、女性ほどそうなっている。

最近の若い世代では、ブランド志向やおしゃれ志向が弱まり、よりカジュアル志向、シンプル志向になっていることが、買い物をする街の選択にも現れていると言えるだろう。

先述したコンサルタント系とマーケティング系の回答の差で、マーケティング系のほうが中央線を評価しているのは、こうした若い消費者の動向に敏感であることも関連していそうである。

若い世代は副都心好き、中高年女性は都心志向

表2−6　これから買い物に行きたいブロック（男性、上位抜粋）

（%）

	男性全体	20〜29歳	30〜39歳	40〜49歳	50〜59歳	60〜69歳
副都心など4区	33.9	42.5	37.0	33.8	27.2	29.0
都心3区	20.9	21.8	22.0	21.7	18.7	20.3
横浜東部・京急線	11.6	11.7	12.5	10.0	10.3	13.3
城南4区	8.7	11.8	9.0	7.8	7.5	7.2
中央線近郊	5.8	8.2	7.0	5.0	4.2	4.5
横浜西部	5.5	4.8	5.2	5.5	5.5	6.3
さいたま市	4.8	4.8	3.8	6.3	5.2	4.0
下町3区	4.4	4.0	3.5	4.7	5.0	4.8
京王線・小田急線の都内郊外	4.4	3.0	6.2	4.3	4.8	3.7
湘南	4.2	3.7	3.2	4.8	5.0	4.2
東急田園都市線沿線	3.5	2.2	3.3	3.8	4.3	3.7
中央線多摩	3.4	3.3	3.3	4.3	2.7	3.3
南武線	2.9	3.3	4.0	2.8	3.0	1.3
埼玉南部	2.7	2.2	3.3	4.0	2.7	1.3

表2−7　これから買い物に行きたいブロック（女性、上位抜粋）

（%）

	女性全体	20〜29歳	30〜39歳	40〜49歳	50〜59歳	60〜69歳
副都心など4区	41.2	48.7	40.0	37.2	41.5	38.3
都心3区	26.4	21.2	26.2	25.7	30.0	29.3
横浜東部・京急線	11.5	11.2	12.0	11.0	11.8	11.5
城南4区	10.7	9.8	13.2	9.5	11.2	10.0
中央線近郊	6.5	7.5	6.8	5.3	7.0	6.0
さいたま市	6.0	4.8	5.8	7.7	6.5	5.1
千葉湾岸	5.5	6.5	5.7	7.0	4.0	4.3
湘南	5.2	3.8	4.2	5.7	4.0	8.5
東急田園都市線沿線	5.0	3.3	6.2	5.0	5.3	5.3
横浜西部	4.7	3.2	5.8	3.7	6.5	4.1
千葉市	4.2	5.2	4.5	3.0	4.0	4.5
柏・松戸方面	3.7	3.0	2.7	4.2	4.2	4.7
京王線・小田急線の都内郊外	3.6	3.0	4.0	3.2	3.8	4.1
下町3区	3.2	2.7	2.7	4.8	3.2	2.8

資料:カルチャースタディーズ研究所「東京圏調査」2011年

買い物は郊外でも十分間に合う

また、今回、本書のための調査の一環として、カルチャースタディーズ研究所ではパルコのマーケティング情報サイト「ＷＥＢアクロス編集室」と共同で、立川、浦和、柏の駅前で、通行人のファッションの調査とインタビューを行った。各地点で６人から10人のインタビューを行ったが、彼らがどこに住み、インタビュー時に着ていた服をどこで買ったかを地図にしたのが次頁図２‐１〜３である。

まず立川でインタビューした人を見ると、居住地は立川市の他、所沢市（２人）、日野市、八王子市、小平市と分散している。

買い物地点も、立川市の他、新宿区、渋谷区、港区はあるが、八王子市、昭島《あきしま》市、武蔵村山市、所沢市、新座《にいざ》市、川越市、大宮区、横浜市中区、さらには栃木県佐野市と、主として埼玉県方面に相当散らばっている。消費者は都心に出なくても郊外で買い物をしているし、郊外同士の中で移動している。ＪＲ武蔵野線沿いに広がっているとも言える。そして、もっと外側の地方にも出向いているのである。

浦和はどうか。居住地と買い物地点が都心、副都心から行田《ぎょうだ》市まで、見事にＪＲ沿線に

図2−1　立川来街者の居住地と購買地

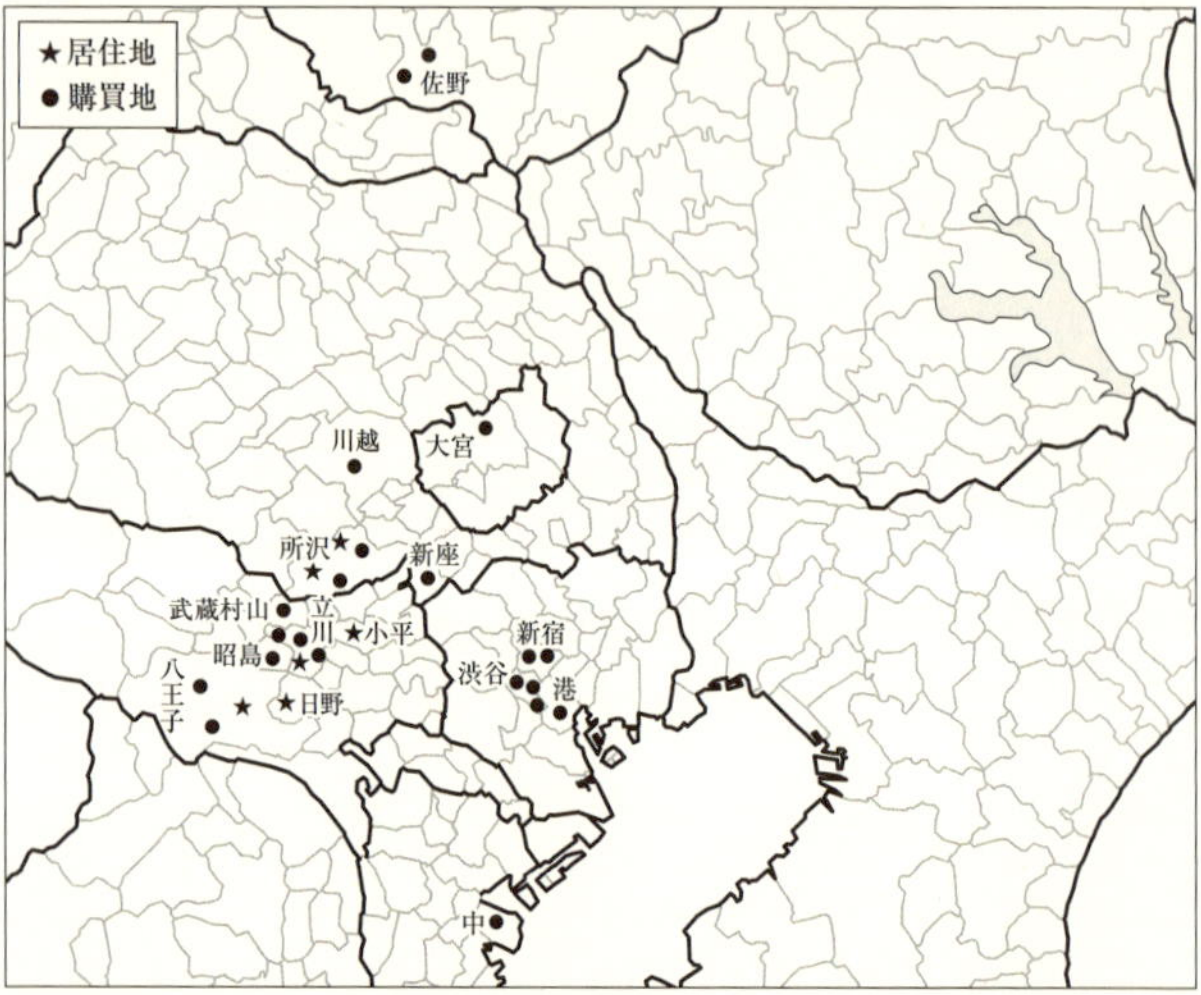

団塊世代以降の若い世代は郊外での消費生活を楽しんでいる
（写真：WEB アクロス編集室）

図2−2 浦和来街者の居住地と購買地

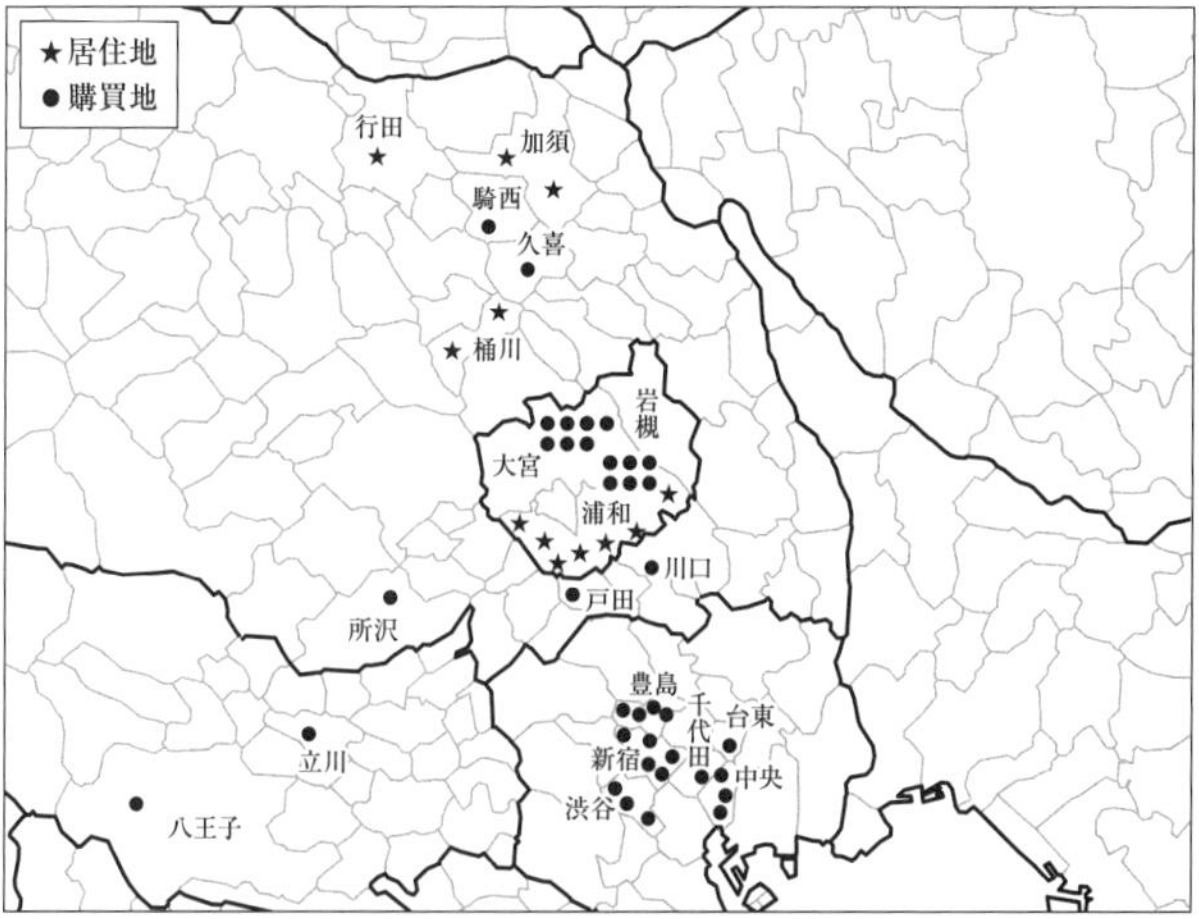

図2−3 柏来街者の居住地と購買地

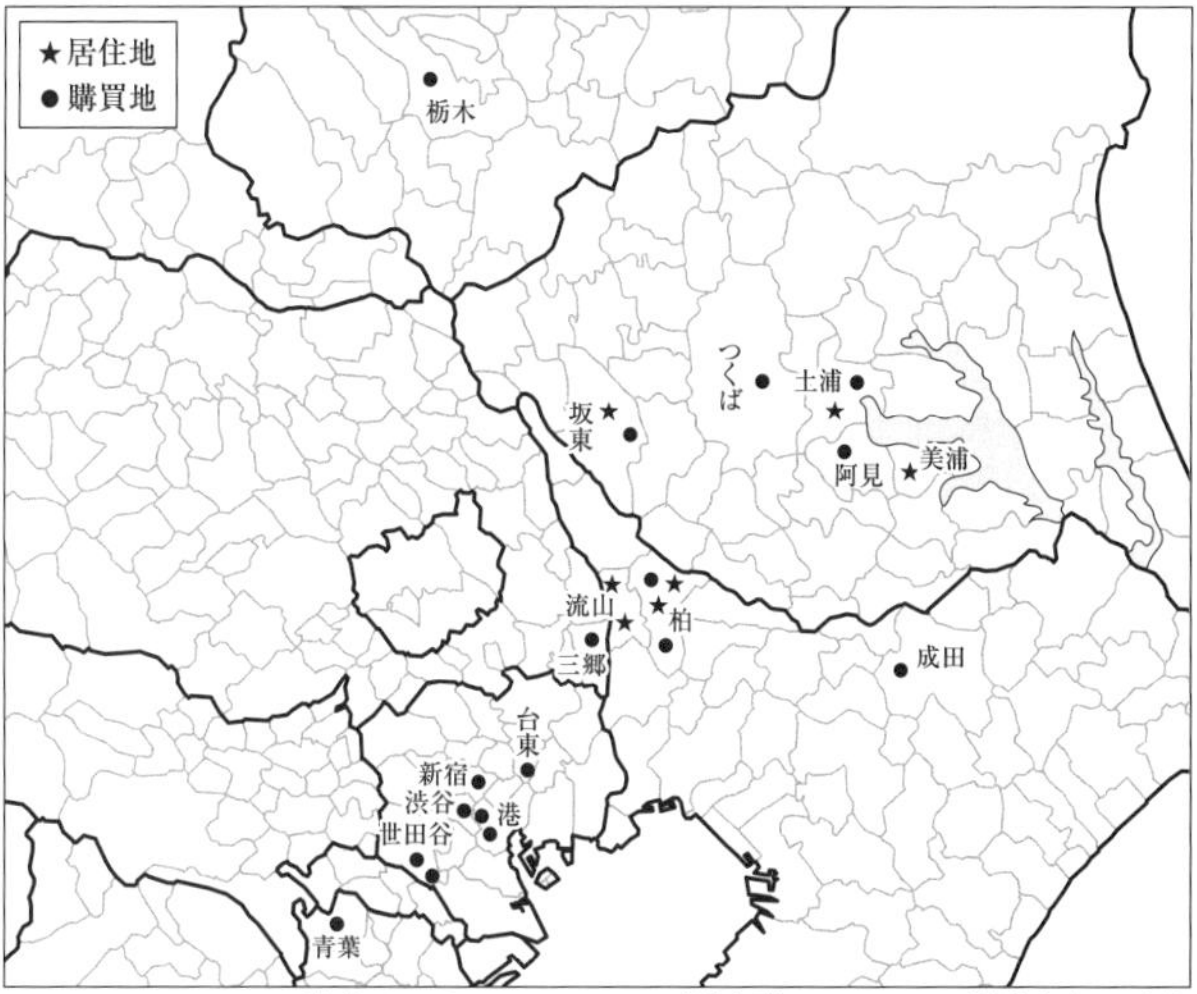

資料:カルチャースタディーズ研究所、WEBアクロス編集室(2012年)

南北に広がっている。中央区にも、新宿、渋谷、池袋でも買い物をしており、都心にも副都心にも出かけやすいという地理的特性もはっきり反映している。また、立川市、八王子市、所沢市でも買い物をしており、自動車やJR武蔵野線での移動があったものと思われる。

柏は、柏市、流山市で多いものの、土浦市、つくば市、阿見町《あみまち》、美浦村、坂東市、成田市と、東北方面に大きく広がっている。また、渋谷よりさらに西南部の世田谷区、横浜市青葉区でも買い物がされている。

このように郊外の消費者は、もちろん都心や副都心でも買い物をしているが、それ以上に自分の住んでいる地元や郊外の拠点地域、さらには地方のアウトレットやショッピングモールでも同じように頻繁に買い物をしているのである。

団塊世代は湘南ブランド、若者は下町好き

「これから散歩に行きたいブロック」はどこか?(表2-8、9)全体では圧倒的に「湘南」であり、次いで「副都心など4区」「都心3区」「城南4区」「中央線近郊」などが並ぶ。

男性は若い世代ほど、「副都心など4区」「城南4区」「中央線近郊」「下町3区」が多く、年をとるほど「湘南」が多い。

女性は、若い世代ほど「副都心など4区」「下町3区」が多く、男性と同様、年をとるほど「湘南」が多い。男女とも、若い世代で下町志向があるのが特徴的である。

これはスカイツリー効果ばかりとは言えない。スカイツリーができる以前から、谷根千《やねせん》(谷中《やなか》、根津《ねづ》、千駄木《せんだぎ》)や浅草、向島《むこうじま》、亀戸《かめいど》、北千住などの下町を散歩する若者は増えていたからである。むしろ、スカイツリーによってそうした下町に散歩に行き始めたのは中高年のほうであろう。また、近年、東京電機大学が北千住、東京理科大学が葛飾区の金町にキャンパスをつくるなどの動きが出てきたことも、若者が下町に親しむきっかけになっていると考えられる。

また、60代の女性で「湘南」に行きたいのは36・1%だが、20代では19%であり、2倍近い差がある。鎌倉、逗子、葉山などブランド性があり、かつ加山雄三からユーミン、サザンオールスターズまでの青春の舞台であることが、団塊世代を中心とする60代女性を惹きつけるようだ。

さらに、50~60代の女性では「東急田園都市線沿線」も6%弱あり、やはり、おしゃれな街志向が強いと言える。しかし若い世代で、買い物に行きたいブロックと同様、散歩に行きたいブロックも、ブランド性やおしゃれ感よりも、カジュアル感であったり、レトロ感で選

や中央線で散歩したい

表2−8　これから散歩に行きたいブロック（男性）

（%）

	男性合計	20〜29歳	30〜39歳	40〜49歳	50〜59歳	60〜69歳
湘南	17.5	14.8	12.5	17.2	20.5	22.3
副都心など4区	9.7	14.2	10.2	9.5	7.3	7.2
都心3区	9.0	11.3	10.0	10.0	7.0	6.7
横浜東部・京急線	7.3	7.2	7.3	8.0	6.7	7.2
城南4区	7.1	10.3	6.3	6.7	6.8	5.3
中央線近郊	6.2	8.2	6.7	6.7	5.3	4.2
京王線・小田急線の都内郊外	6.2	4.0	6.2	6.0	6.5	8.3
下町3区	6.0	6.0	8.2	5.5	5.2	5.0
千葉湾岸	5.2	4.5	6.5	4.3	6.3	4.2
房総	5.1	2.8	6.0	3.7	7.0	6.0
中央線多摩	4.6	4.3	3.0	5.8	4.3	5.5
横浜西部	4.6	4.5	4.3	4.5	4.8	5.0
相模原以西	3.9	2.0	3.0	2.5	6.2	5.8
東急田園都市線沿線	3.7	2.8	3.3	3.5	4.2	4.7
川越以西	3.7	2.0	3.7	3.7	4.0	5.3
湾岸2区	3.6	3.0	4.3	4.8	3.5	2.5
つくばエクスプレス沿線	3.3	3.7	2.8	2.8	3.8	3.2
さいたま市	3.1	3.8	2.5	3.0	3.2	3.0
城北3区	2.9	3.5	3.3	2.7	2.5	2.7
埼玉南部	2.5	2.0	3.7	3.7	1.8	1.2
西武線	2.4	1.5	2.2	3.0	2.0	3.5
千葉市	2.4	1.5	2.5	2.2	2.8	2.8
新下町2区	2.3	2.7	2.8	2.3	2.3	1.3
柏・松戸方面	2.3	1.7	2.2	2.2	1.7	3.7
東武スカイツリーライン沿線	1.9	1.5	2.8	1.8	1.8	1.5
高崎線沿線	1.7	1.3	1.8	2.2	1.2	2.2
南武線	1.5	1.8	1.8	1.2	1.7	1.2
千葉ニュータウン方面	1.5	1.2	1.7	0.8	1.3	2.5
常磐線沿線	1.4	1.0	1.2	1.2	1.8	1.8
その他	21.4	25.3	23.2	20.7	18.8	18.8

資料:カルチャースタディーズ研究所「東京圏調査」2011年

50代以上は湘南、20〜30代は下町

表2−9　これから散歩に行きたいブロック（女性）

（%）

	女性合計	20〜29歳	30〜39歳	40〜49歳	50〜59歳	60〜69歳
湘南	25.3	19.0	20.5	23.0	29.0	36.1
副都心など4区	10.0	13.2	9.2	10.3	8.8	8.1
中央線近郊	9.3	12.7	7.3	8.0	9.3	9.0
都心3区	8.8	9.7	9.0	9.5	7.8	7.9
城南4区	8.2	8.2	9.3	8.2	8.7	6.6
横浜東部・京急線	7.2	6.8	7.3	7.0	7.7	7.3
京王線・小田急線の都内郊外	6.7	4.7	6.3	5.2	9.5	7.7
下町3区	6.4	7.0	7.3	6.8	5.7	5.3
中央線多摩	5.3	5.0	3.7	3.3	6.8	7.7
東急田園都市線沿線	4.6	3.0	4.7	3.8	5.7	6.2
房総	4.5	4.2	5.3	5.3	3.5	4.1
千葉湾岸	3.6	5.2	4.0	3.5	3.2	2.3
相模原以西	3.4	3.2	2.5	2.3	4.5	4.7
横浜西部	3.3	2.7	3.7	2.7	3.8	3.8
さいたま市	3.1	2.5	3.8	4.0	2.3	2.6
湾岸2区	2.8	2.3	3.5	3.2	2.3	2.8
川越以西	2.7	2.7	2.2	2.3	2.7	3.8
新下町2区	2.5	2.5	2.8	2.2	2.3	2.4
西武線	2.5	1.5	2.0	2.3	2.3	4.7
城北3区	2.4	2.3	3.0	1.8	3.0	1.7
つくばエクスプレス沿線	2.3	1.7	2.7	2.5	2.2	2.6
埼玉南部	1.9	2.0	2.2	2.3	0.8	2.3
東武スカイツリーライン沿線	1.9	2.0	2.0	2.3	0.8	2.6
柏・松戸方面	1.9	1.8	1.7	1.5	1.7	2.8
千葉市	1.8	2.7	2.0	1.0	2.2	1.1
南武線	1.6	2.3	2.0	1.7	1.2	0.9
千葉ニュータウン方面	1.3	1.8	1.5	1.0	1.0	1.3
高崎線沿線	0.9	1.3	0.2	1.0	1.2	0.8
常磐線沿線	0.7	0.7	1.2	1.2	0.2	0.4
その他	18.5	21.3	16.5	21.5	17.7	15.0

資料:カルチャースタディーズ研究所「東京圏調査」2011年

ぶ傾向が強まっているのである。

その意味では、若い世代が「城南4区」を選ぶ理由は、ハイソな自由が丘や二子玉川を含んでいるからだけではなく、安い居酒屋や銭湯などがある、下町的な大井町（品川区）や蒲《かま》田《た》（大田区）があるからだという見方もできる。今や、湘南ボーイはおじさんの別称なのであろう。

若い世代はブランド性より文化的な場所を求める

「これから住んでみたいと思うのはどのブロックか。現実的にあり得る範囲で3つまでお答えください」という質問には、全体では「城南4区」「副都心など4区」「湘南」「中央線近郊」が上位にあがった（表2-10、11）。

「湘南」を除けば「散歩に行きたいブロック」とほぼ同じような結果である。その意味で「これから散歩に行きたいかどうか」という基準は、住む街を評価する基準としてもかなり有効であると思える。散歩をしたい気分になる街とは、住んでみたくなる街とも通じるからということだろう。

男女別、年齢別では、男性では若い世代ほど、「城南4区」「副都心など4区」「都心3区」

「中央線近郊」をあげる者が多い。

女性では若い世代ほど「副都心など４区」「都心３区」「中央線近郊」をあげる者が多いが、「城南４区」については30代でいちばん多くなっている。

「現実的にあり得る範囲」という限定付きで聞いているわりには、都心、副都心の数字が高い気がするが、六本木や銀座ではなく、中央区勝どきや人形町あたりのマンションをイメージして回答しているとすれば、現実的であると言えよう。

近年、建築家の馬場正尊氏、竹内昌義氏らの活躍によって、従来は中小企業のオフィス街だった東日本橋、馬喰町《ばくろちょう》あたりが「セントラル・イースト」として注目されている。新しいマンションも増えたが、古いビルを活用したブティックやギャラリーなどの店舗も増えている。下町の伝統工芸を生かした雑貨店も増え、カフェや地方の新鮮な食材を使った自然派レストランなどもできている。都心のマンションに住みながら最新のアートを鑑賞し、下町の伝統を感じ取り、かつヘルシーな食事ができるのである。いわば、マンハッタン的なライフスタイルが次第に実現されつつあるのだ。

隅田川を渡れば、清澄白河《きよすみしらかわ》地区。ここには１９９５年に東京都現代美術館ができ、その後都営地下鉄大江戸線、地下鉄半蔵門《はんぞうもん》線が開通したことによって、今とても発展している。セ

世代は城南や中央線に住みたい

表2―10　これから住んでみたいブロック（男性）

（%）

	男性合計	20〜29歳	30〜39歳	40〜49歳	50〜59歳	60〜69歳
城南4区	11.9	16.2	11.5	10.8	11.0	10.2
副都心など4区	10.5	14.0	10.0	10.5	9.5	8.3
湘南	9.6	5.8	7.3	7.3	12.2	15.5
都心3区	9.0	11.3	8.2	10.8	7.0	7.5
中央線近郊	8.9	12.3	7.5	8.3	9.0	7.2
横浜東部・京急線	7.4	9.2	8.3	6.0	6.0	7.5
東急田園都市線沿線	6.7	4.8	5.2	6.0	8.3	9.0
京王線・小田急線の都内郊外	6.2	5.5	7.2	5.7	6.3	6.3
横浜西部	5.4	7.0	4.7	4.0	5.0	6.3
千葉湾岸	5.4	5.8	6.8	5.2	4.8	4.3
さいたま市	5.1	6.8	5.3	5.2	5.3	3.0
城北3区	5.0	6.2	5.7	4.7	4.0	4.3
相模原以西	4.3	3.5	4.0	3.7	3.8	6.3
中央線多摩	4.2	3.3	3.0	5.3	5.0	4.2
下町3区	4.0	4.2	5.0	4.8	3.5	2.7
湾岸2区	3.9	4.3	4.7	4.8	3.3	2.3
南武線	3.5	4.7	3.7	3.0	4.0	2.3
埼玉南部	3.8	4.3	5.8	4.7	2.2	2.0
西武線	2.6	2.2	3.0	2.7	1.8	3.2
千葉市	2.6	2.3	2.3	2.7	3.0	2.5
房総	2.5	1.2	2.2	1.8	3.7	3.8
つくばエクスプレス沿線	2.4	1.8	1.8	2.2	2.3	3.8
川越以西	2.2	1.0	1.8	3.3	2.0	2.7
柏・松戸方面	2.1	2.2	2.5	1.3	2.2	2.3
新下町2区	1.9	2.0	2.5	2.3	1.8	0.7
千葉ニュータウン方面	1.9	1.8	2.3	1.0	1.8	2.3
東武スカイツリーライン沿線	1.8	1.5	3.2	1.7	1.5	1.2
高崎線沿線	1.5	0.8	1.7	1.8	1.8	1.5
常磐線沿線	0.9	0.8	0.8	0.7	1.2	1.2
東京圏外にしか住みたくない	13.4	12.2	13.7	12.7	13.3	15.3
海外にしか住みたくない	5.3	7.2	5.0	6.2	5.8	2.5

資料：カルチャースタディーズ研究所「東京圏調査」2011年

中高年は湘南や田園都線市志向、若い

表2−11　これから住んでみたいブロック(女性)

(%)

	女性合計	20〜29歳	30〜39歳	40〜49歳	50〜59歳	60〜69歳
副都心など4区	11.5	13.5	12.2	11.2	11.8	8.6
城南4区	15.3	14.0	18.8	14.5	16.5	12.6
中央線近郊	10.4	12.5	10.5	9.0	9.8	10.0
湘南	10.1	8.7	8.7	7.5	10.5	15.8
都心3区	9.1	11.3	8.7	9.8	7.7	7.9
東急田園都市線沿線	8.0	5.8	6.7	6.7	9.3	12.0
京王線・小田急線の都内郊外	6.9	7.8	6.5	5.5	8.0	6.8
横浜東部・京急線	6.8	7.5	8.8	6.0	6.3	5.1
さいたま市	5.3	4.3	5.8	7.0	4.7	4.7
横浜西部	4.7	4.0	5.7	3.3	5.8	4.9
千葉湾岸	4.6	6.2	4.8	4.2	2.8	4.9
城北3区	4.3	5.0	4.2	3.8	4.8	3.8
埼玉南部	3.8	4.0	4.3	4.0	2.3	4.5
中央線多摩	3.5	3.2	3.3	3.3	3.7	3.9
相模原以西	3.4	2.7	3.3	2.7	3.5	5.1
下町3区	3.1	3.8	2.8	2.8	3.7	2.3
湾岸2区	3.0	2.8	4.5	3.2	2.8	1.3
西武線	2.7	2.3	2.3	2.3	3.8	2.4
千葉市	2.8	3.7	3.5	1.3	2.7	2.6
柏・松戸方面	2.8	2.7	3.0	2.8	2.5	3.0
南武線	2.7	3.3	3.2	2.7	2.5	1.9
東武スカイツリーライン沿線	2.7	2.7	2.3	3.0	2.2	3.2
房総	1.9	2.3	1.7	2.2	0.7	2.8
つくばエクスプレス沿線	1.9	1.3	2.2	1.7	2.8	1.3
新下町2区	1.7	1.2	2.3	2.3	1.0	1.9
川越以西	1.7	2.0	0.8	2.7	1.2	2.1
高崎線沿線	1.5	2.0	0.7	2.0	1.5	1.5
千葉ニュータウン方面	1.5	2.8	1.2	1.5	0.8	1.3
常磐線沿線	0.6	0.7	1.3	0.3	0.7	0.2
東京圏外にしか住みたくない	11.4	12.7	8.7	11.5	12.5	11.8
海外にしか住みたくない	5.0	6.0	5.2	5.2	5.2	3.4

資料:カルチャースタディーズ研究所「東京圏調査」2011年

衰退していた下町にもビジネス、文化の拠点が増えてきた

図2―4　隅田川沿いの新しいギャラリー、雑貨店など

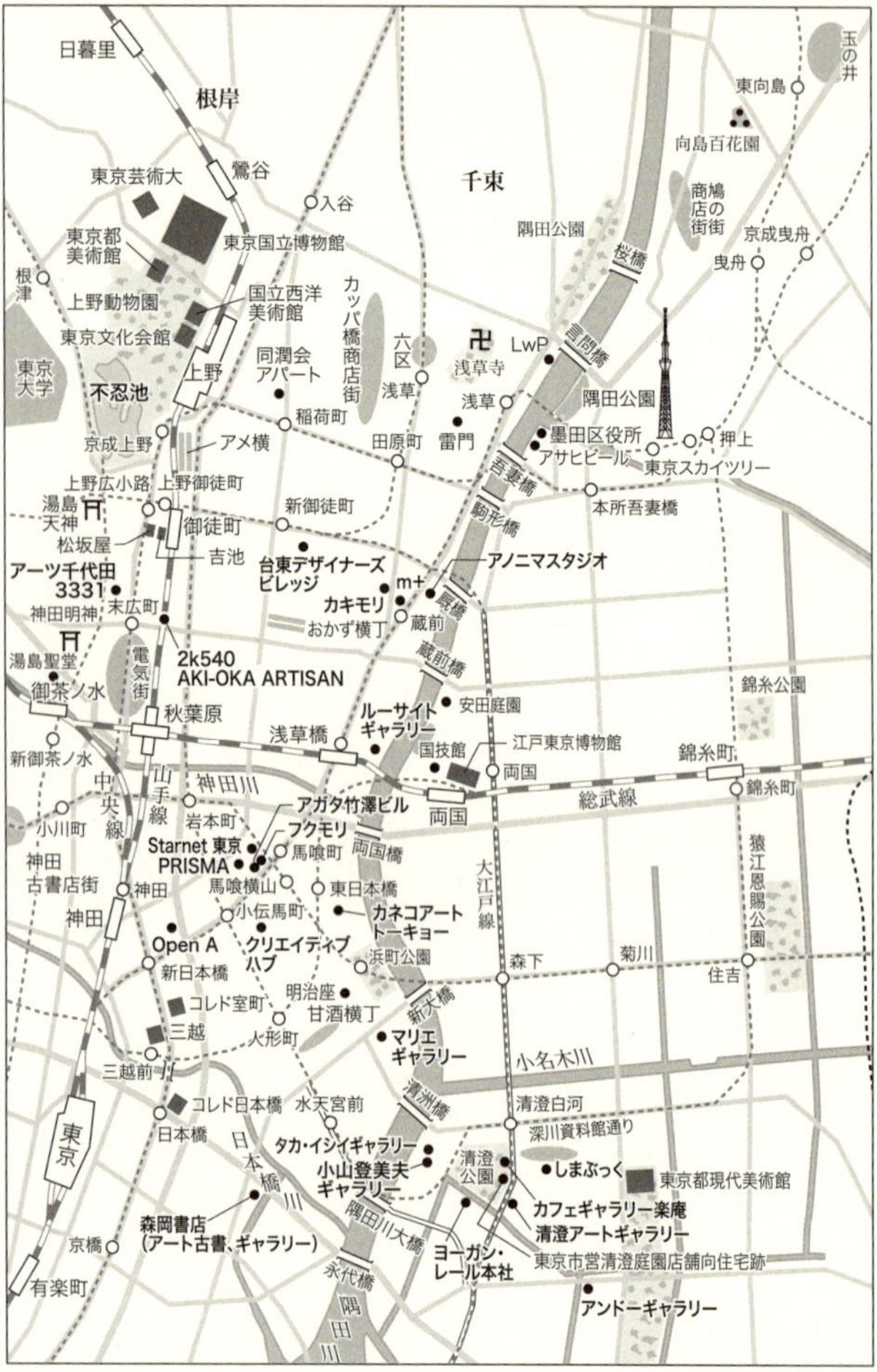

ントラル・イースト地区同様、ギャラリー、カフェ、雑貨店、古書店などができ、文化的なライフスタイルが可能になった。

単にマンションを建てるだけのハードな再開発ではなく、文化、生活を充実させるソフトな開発が進むことによって、団塊ジュニア以降の若い世代を都心に呼び集めているのである。

また、散歩に行きたいブロックと同様、若い女性で城南志向が弱まり、中央線志向が強まっている。20代男性は「城南4区」16・2％、「中央線近郊」12・3％であり、城南志向がまだ強いのに、20代女性は「城南4区」14％、「中央線近郊」12・5％であり、あまり差がないのである。

そして、やはり散歩に行きたいブロック同様に、中高年で湘南ブランドが強い。「湘南」「東急田園都市線沿線」は、男女ともに、年をとるほど住みたい人が増えるが、特に「湘南」はその傾向が激しいのである。

以前、大前研一氏のウェブ講座「ビジネス・ブレークスルー」で、若者文化に強い深澤真紀さんと私が対談した際、彼女は「いつの時代も新しい流行をつくるのは若い女性であり、若い女性がブランド志向だったのを追いかけて若い男性や中高年男性までもがブランド志向になると、今度は若い女性は脱ブランド志向になり、逆におじさん的な趣味に向かっている」という趣旨の発言をされていた。これまで見てきた買い物をしたい街、散歩に行きたい街、そして住みたい街の動向を見ても、若い男性よりも若い女性がブランド志向を弱めていることがわかる。50代のバブル世代が、今でも胸に大きなロゴの付いたラルフ・ローレンのポロシャツを襟を立てて着ているのに対し、20～30代の若い世代はシンプルなTシャツを着こなすのが上手だという、近年のファッションのスタイルの世代差とも対応した傾向であると言えよう。

また、郊外のブロックは概して若い世代に人気があまりないが、「埼玉南部」「千葉湾岸」だけは例外であり、男女ともに若い世代ほど住みたいという回答が多くなっている。23区に隣接する地域であり、都心に近い割に地価が安いからであろう。共働きの多い若い世代には便利なのである。

東京の「湾岸2区」に住みたい人が若い世代ほど多いのも、同じような理由からであろう。地震による液状化など不安材料もあるが、都心に近い湾岸は若い世代にとって魅力があるのだ。若い世代は、ブランド性はあるが遠い場所よりも、埋め立て地でも元工場地帯でも、都心に近い場所を求めているのである。

そもそも若い世代は、自分の住まいがもともと埋め立て地だったとか工場地帯であったと

郊外ではさいたま市の定住志向が高い

かいったことを知らない人が多いから、何の抵抗もなくそれらの地域に住むのである。都心に近く、設備がよく、最寄り駅から雨の日でも傘をささずに帰れて、途中で買い物のできるように設計されている高層マンションに住めるなら、もともとどのような土地だったかは、どうでもいい問題なのだ。

また、現在の居住地ブロック別に、これからもそこに住んでみたい（住みつづけたい）人の割合を見てみる。いわば定住希望率であるが、「都心3区」が85・7％と、圧倒的に高い。

表2–12　居住ブロック別　定住希望率

（%）

都心3区	85.7
城南4区	69.4
副都心など4区	65.0
さいたま市	63.9
湘南	59.9
横浜東部・京急線	59.7
つくばエクスプレス沿線	58.1
中央線近郊	57.6
第四山の手	56.1
横浜西部	54.3
下町3区	54.1
京王線・小田急線の都内郊外	53.7
千葉湾岸	53.7
千葉市	51.2
湾岸2区	49.7
城北3区	47.7
南武線	46.9
新下町2区	45.2
埼玉南部	42.8
西武線	42.0
房総	40.8
常磐線	38.5
相模原以西	38.4
中央線多摩	36.3
常磐線	35.7
伊勢崎線	35.7
川越以西	34.4
高崎線	34.3
成田線	31.9

資料:カルチャースタディーズ研究所「東京圏調査」2011年

以下「城南４区」「副都心など４区」「さいたま市」が60％台で続く。さいたま市の定住希望率が湘南よりも高いことが注目される（表２－12、60ページ図14）。

「郊外の都市化」が望まれている

このように見てくると、東京圏において働く場所、遊ぶ場所、住む場所として総合的に将来性があるのは、やはり都心、副都心であり、それに次いで「城南４区」、それから「中央線近郊」といったあたりということになる。

郊外についてはあまり将来性があるとは思えない。あえて郊外で将来性があるとすれば、「東急田園都市線沿線」と「さいたま市」であろう。次いで、「埼玉南部」「南武線」だろうか。

ただし、東急田園都市線沿線とさいたま市では、将来性の意味が違いそうである。「東急田園都市線沿線」は、あとで見るように、東京の山の手の高級住宅地としての伝統を引き継いでいる。住民の学歴が高く、勤め先も一流企業が多い。簡単に言えばエリートが住む地域だ。中高年を中心としたブランド性に強みがある。

「さいたま市」も、浦和区などは旧制浦和中学以来の伝統があり、住民の学歴は高いが、

「東急田園都市線沿線」よりはランクが落ちる。しかし、学歴や所得の高さ、エリート性といったものとはまた別の価値基準によって、「さいたま市」の将来がイメージされているように思われる。それは何かと言えば、「さいたま市」は、表2‐4、2‐5で見たように、働く場所としても期待されている面がありそうだということである。

そこで、人々は東京圏の都心部と郊外がどのような形で発展すればいいと思っているのかを探ってみる。いくつかの項目について、これからの東京はどうあるべきだと思うか、もっと郊外を発展させるべきか、都心を発展させるべきかを聞いてみた。

まず、「もっと郊外の人口を増やす」か「もっと都心の人口を増やす」かでは、「もっと郊外の人口を増やす」に近いという回答が男女全体の42・7％であり、男女別年齢別では、20〜30代の男性で「もっと郊外の人口を増やす」が多い（表2‐13）。

「もっと郊外で働き口、雇用を増やす」か「もっと都心で働き口、雇用を増やす」かでは、「もっと郊外で働き口、雇用を増やす」が57・3％。男女別年齢別では、20〜30代で「もっと郊外で働き口、雇用を増やす」が多いが、特に30代の女性が最も多い。これは子育て期の女性が都心に働きに行くことが難しく、しかたなく仕事を辞めているケースが多いからであろう。郊外によい働き口があれば、仕事を辞める必要はない。

表2—13 郊外と都心の関係についての考え方（男女別、年齢別）

【A】もっと郊外の人口を増やす:【B】もっと都心の人口を増やす

	【A】に近い	やや【A】に近い	どちらとも言えない	やや【B】に近い	【B】に近い
男女合計	12.2%	30.5%	51.6%	4.3%	1.5%
男性全体	13.8%	30.8%	48.3%	4.9%	2.2%
20〜29歳	15.3%	29.2%	50.0%	3.3%	2.2%
30〜39歳	15.3%	32.3%	47.0%	3.2%	2.2%
40〜49歳	11.8%	28.8%	50.5%	6.3%	2.5%
50〜59歳	13.0%	30.5%	49.8%	4.7%	2.0%
60〜69歳	13.3%	33.2%	44.3%	7.0%	2.2%
女性全体	10.5%	30.2%	54.8%	3.8%	0.7%
20〜29歳	11.3%	32.3%	52.0%	3.7%	0.7%
30〜39歳	13.5%	25.7%	58.7%	1.8%	0.3%
40〜49歳	9.7%	29.3%	57.0%	3.0%	1.0%
50〜59歳	8.7%	28.5%	57.8%	4.5%	0.5%
60〜69歳	9.4%	35.5%	47.9%	6.0%	1.1%

【A】もっと郊外で働き口、雇用を増やす:【B】もっと都心で働き口、雇用を増やす

	【A】に近い	やや【A】に近い	どちらとも言えない	やや【B】に近い	【B】に近い
男女合計	18.4%	38.9%	37.6%	3.4%	1.7%
男性全体	18.9%	37.1%	38.3%	3.5%	2.2%
20〜29歳	20.7%	32.0%	41.3%	2.5%	3.5%
30〜39歳	20.3%	36.2%	38.2%	3.0%	2.3%
40〜49歳	18.2%	35.2%	40.0%	4.8%	1.8%
50〜59歳	17.0%	39.8%	39.0%	2.7%	1.5%
60〜69歳	18.3%	42.3%	33.0%	4.7%	1.7%
女性全体	18.0%	40.8%	36.8%	3.3%	1.2%
20〜29歳	19.3%	37.0%	38.2%	3.8%	1.7%
30〜39歳	23.7%	35.5%	38.0%	2.2%	0.7%
40〜49歳	18.3%	40.0%	37.3%	3.0%	1.3%
50〜59歳	13.7%	43.2%	38.0%	4.0%	1.2%
60〜69歳	14.5%	49.2%	32.0%	3.4%	0.9%

【A】もっと職住を近接させる:【B】もっと職住を分離する

	【A】に近い	やや【A】に近い	どちらとも言えない	やや【B】に近い	【B】に近い
男女合計	16.3%	35.2%	43.7%	3.6%	1.2%
男性全体	17.2%	32.9%	44.8%	3.6%	1.5%
20〜29歳	17.8%	25.5%	49.3%	5.0%	2.3%
30〜39歳	17.8%	30.0%	47.7%	3.3%	1.2%
40〜49歳	16.5%	33.3%	45.0%	3.2%	2.0%
50〜59歳	15.3%	38.2%	42.0%	3.7%	0.8%
60〜69歳	18.3%	37.7%	39.8%	2.8%	1.3%
女性全体	15.5%	37.6%	42.6%	3.5%	0.8%
20〜29歳	13.8%	32.8%	47.7%	5.0%	0.7%
30〜39歳	18.3%	31.5%	46.0%	3.5%	0.7%
40〜49歳	16.2%	36.2%	44.0%	2.3%	1.3%
50〜59歳	14.0%	41.7%	39.7%	4.2%	0.5%
60〜69歳	15.0%	46.6%	35.0%	2.6%	0.8%

【A】郊外のサテライトオフィスや自宅などで勤務ができるようにする:【B】もっと多くの人が都心に住めるようにして、自宅と会社を近づける

	【A】に近い	やや【A】に近い	どちらとも言えない	やや【B】に近い	【B】に近い
男女合計	12.8%	32.4%	45.6%	7.0%	2.2%
男性全体	13.9%	31.0%	45.4%	6.9%	2.8%
20〜29歳	15.8%	24.5%	47.3%	9.0%	3.3%
30〜39歳	15.0%	29.2%	46.5%	5.7%	3.7%
40〜49歳	13.7%	31.3%	45.7%	6.3%	3.0%
50〜59歳	11.2%	35.3%	44.5%	7.0%	2.0%
60〜69歳	13.8%	34.5%	43.2%	6.7%	1.8%
女性全体	11.7%	33.9%	45.8%	7.0%	1.6%
20〜29歳	10.3%	29.5%	48.8%	9.0%	2.3%
30〜39歳	14.3%	34.0%	45.0%	5.5%	1.2%
40〜49歳	14.3%	32.0%	46.7%	5.0%	2.0%
50〜59歳	10.7%	35.0%	45.2%	7.5%	1.7%
60〜69歳	8.3%	39.8%	43.2%	8.1%	0.6%

資料:カルチャースタディーズ研究所「東京圏調査」2011年

「もっと職住を近接させる」か「もっと職住を分離する」かでは、「もっと職住を近接させる」が51・５％。これも30代の女性で多い。

「郊外のサテライトオフィスや自宅などで勤務ができるようにする」か「もっと多くの人が都心に住めるようにして、自宅と会社を近づける」かでは、「郊外のサテライトオフィスや自宅などで勤務ができるようにする」が45・２％。これは20～30代の男性と、30～40代の女性で多い。

このように、過半数の人々は、郊外でもっと人口を増やし、雇用を増やし、郊外にいながらにして、郊外で職場を見つけることができ、あるいは郊外のサテライトオフィスや自宅で仕事ができることを望んでいるのである。特に30代の女性でそういう意見を持つ人が多いことは注目すべきことである。

また、コンサルタント系とマーケティング系で比較すると、マーケティング系の人々のほうが郊外に人口を増やし、雇用を増やし、職住を近接させることに積極的なようである。コンサルタント系も「郊外のサテライトオフィスや自宅などで勤務ができるようにする」ことに対しては６割の人が賛成している（表２‐14、15）。

郊外で人口を増やし、雇用を増やし、郊外にいながらにして、郊外で職場を見つけること

表2−14　郊外と都心の関係についての考え方（コンサルタント系）

	【A】に近い	やや【A】に近い	どちらとも言えない	やや【B】に近い	【B】に近い	
【A】もっと郊外の人口を増やす	（%） 11.5	（%） 23.1	（%） 50.0	（%） 11.5	（%） 3.8	【B】もっと都心の人口を増やす
【A】もっと郊外で働き口、雇用を増やす	19.2	26.9	50.0	0.0	3.8	【B】もっと都心で働き口、雇用を増やす
【A】もっと職住を近接させる	26.9	34.6	30.8	3.8	3.8	【B】もっと職住を分離する
【A】郊外のサテライトオフィスや自宅などで勤務ができるようにする	26.9	34.6	34.6	0.0	3.8	【B】もっと多くの人が都心に住めるようにして、自宅と会社を近づける

資料:カルチャースタディーズ研究所「東京圏調査」2011年

表2−15　郊外と都心の関係についての考え方（マーケティング系）

	【A】に近い	やや【A】に近い	どちらとも言えない	やや【B】に近い	【B】に近い	
【A】もっと郊外の人口を増やす	（%） 12.2	（%） 36.5	（%） 44.6	（%） 1.4	（%） 5.4	【B】もっと都心の人口を増やす
【A】もっと郊外で働き口、雇用を増やす	25.7	36.5	32.4	1.4	4.1	【B】もっと都心で働き口、雇用を増やす
【A】もっと職住を近接させる	21.6	44.6	27.0	4.1	2.7	【B】もっと職住を分離する
【A】郊外のサテライトオフィスや自宅などで勤務ができるようにする	10.8	43.2	33.8	6.8	5.4	【B】もっと多くの人が都心に住めるようにして、自宅と会社を近づける

資料:カルチャースタディーズ研究所「東京圏調査」2011年

が、郊外を今後衰退させずに（ゴーストタウンにせずに）発展させていくためのひとつの大きな方策である。言い換えれば、「郊外の都市化」が望まれているということである。この点については第5章でまた詳しく述べたい。

第3章　団塊ジュニア以降の世代はどこに住むのか？

住まいへの満足度

本章では、郊外住宅地の現在と将来について、男女別、年齢別、現在住んでいる地域別などの視点から考える。

まず「あなたは現在お住まいの『住宅』に満足していますか」という質問への回答を見てみると、全体では「とても満足している」11・7％、「まあ満足している」52・7％となっており、64％が満足している。男女別、年齢別でほとんど差はないが、60代だけは少し高く、68％ほどが満足している（図3‐1）。

居住地ブロック別に見ると、「とても満足している」「まあ満足している」の合計が多いの

住宅への満足はまあまあ

図3−1　現在お住まいの「住宅」に満足しているか

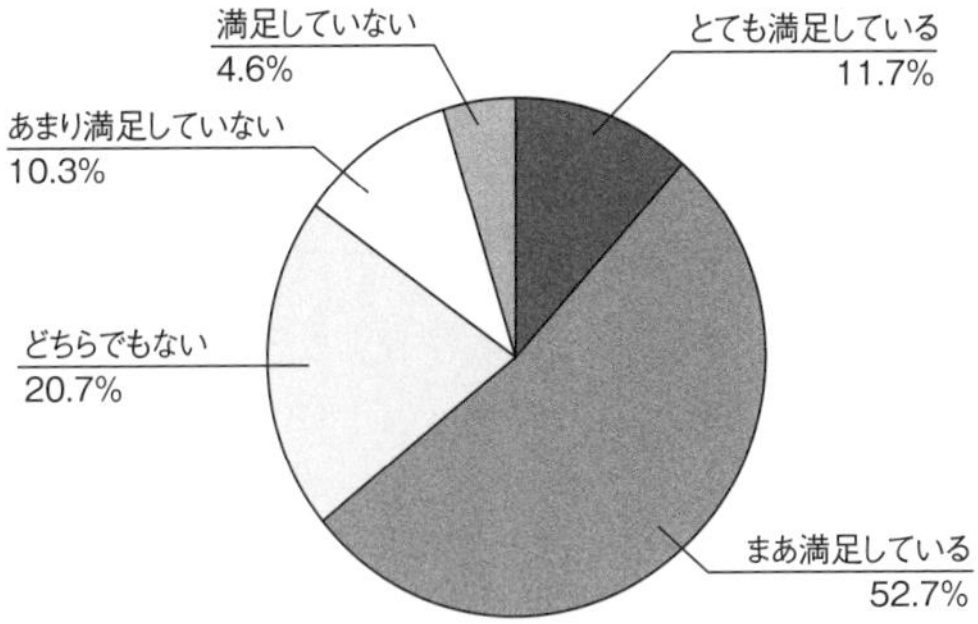

資料：カルチャースタディーズ研究所「東京圏調査」2011年

は、「都心3区」「下町3区」「京王線・小田急線の都内郊外」「千葉市」「つくばエクスプレス沿線」「西武線」などであり、都心も下町も郊外も並んだ（表3−1）。

「横浜東部・京急線」「横浜西部」「東急田園都市線沿線」といった南西部郊外は65〜68％で、やや高めである。対して、「さいたま市」「高崎線沿線」「東部スカイツリーライン沿線」「川越以西」といった埼玉県の4ブロックは60％前後と、やや低めである。「湾岸2区」「副都心など4区」は、都心に近いわりには満足度が低い。

郊外の住宅地でも住み替え希望は3割以上

また、「今の家から住み替えをしたいか」どうかでは、「すでに住み替える予定がある」が3・5％、

住宅への満足度が低いと住み替え希望が強まる

表3−2　居住地ブロック別「今の家から住み替えたい」ランキング

「すでに住み替える予定がある」「ぜひ住み替えしたい」「できれば住み替えしたい」の合計

(%)

中央線近郊	39.8
湾岸2区	39.5
新下町2区	38.5
南武線	38.1
城北3区	37.6
副都心など4区	36.0
東急田園都市線沿線	34.7
東武スカイツリーライン沿線	33.8
城南4区	33.5
京王線・小田急線の都内郊外	33.3
中央線多摩	32.8
埼玉南部	32.8
湘南	31.9
千葉湾岸	31.0
さいたま市	30.7
柏・松戸方面	30.0
都心3区	29.9
横浜東部・京急線	29.0
下町3区	28.8
横浜西部	28.4
西武線	27.8
川越以西	27.7
千葉市	27.6
千葉ニュータウン方面	26.9
高崎線沿線	25.0
常磐線沿線	25.0
房総	24.8
相模原以西	24.8
つくばエクスプレス沿線	18.6

資料:カルチャースタディーズ研究所「現代最新女性調査」2010年

表3−1　居住地ブロック別「住宅への満足度」ランキング

「とても満足」「まあ満足」の合計

(%)

都心3区	76.6
下町3区	73.0
京王線・小田急線の都内郊外	70.6
千葉市	70.0
つくばエクスプレス沿線	69.8
西武線	68.8
城南4区	68.2
千葉湾岸	67.7
横浜東部・京急線	67.5
城北3区	66.2
横浜西部	65.4
中央線近郊	64.8
東急田園都市線沿線	64.8
埼玉南部	63.8
千葉ニュータウン方面	63.8
相模原以西	63.5
常磐線沿線	63.5
柏・松戸方面	62.8
湾岸2区	62.7
湘南	62.6
副都心など4区	62.1
房総	61.1
さいたま市	61.1
東武スカイツリーライン沿線	61.0
南武線	60.6
高崎線沿線	60.2
中央線多摩	59.8
川越以西	57.6
新下町2区	51.4

資料:カルチャースタディーズ研究所「現代最新女性調査」2010年

住み替え希望は3割以上

「ぜひ住み替えしたい」が8・5％、「できれば住み替えしたい」が19・6％で、3割以上が何らかの住み替え希望を持っている（表3－3）。

男女別、年齢別では、男女とも当然ながら若いほうが住み替え希望が多い。30代では男女とも約4割が住み替えを希望している。それに対して、60代では約6割が定住を希望している（表3－4）。

表3−3　今の家から住み替えをしたいか（全体）

（%）

すでに住み替える予定がある	3.5
ぜひ住み替えしたい	8.5
できれば住み替えしたい	19.6
どちらともいえない、まだわからない	32.2
できればずっと住み続けたい	16.3
ぜひずっと住み続けたい	7.3
一生住み続けると決めている（住み替えをするつもりは一切ない）	12.6

資料：カルチャースタディーズ研究所「東京圏調査」2011年

居住29ブロック別に「すでに住み替える予定がある」「ぜひ住み替えしたい」「できれば住み替えしたい」の合計を見ると、「中央線近郊」「湾岸2区」「新下町2区」「南武線」「城北3区」で高くなっている（表3－2）。当然ながら、住宅への満足度が低めのブロックで住み替え希望が多い。

「中央線近郊」「新下町2区」「城北3区」は賃貸住宅居住者が多いため（これら3ブロックでは、賃貸住宅に住んでいる割合は35～37％。全体では25％）、今後、持ち家、あるいはより条件のよい賃貸マンションなどに住み替えたいという希望が強いのではないかと思われる。

表3−4　今の家から住み替えをしたいか（男女別、年齢別）

（%）

	男性					
	全体	20〜29歳	30〜39歳	40〜49歳	50〜59歳	60〜69歳
すでに住み替える予定がある	3.2	5.7	4.5	2.5	1.8	1.7
ぜひ住み替えしたい	8.3	14.8	11.0	7.2	5.7	2.7
できれば住み替えしたい	20.6	20.2	24.2	23.0	19.8	15.8
どちらともいえない、まだわからない	31.6	39.5	34.8	33.0	28.5	22.0
できればずっと住み続けたい	15.4	9.2	11.7	14.5	19.8	21.8
ぜひずっと住み続けたい	7.3	5.3	6.2	5.8	9.5	9.7
一生住み続けると決めている（住み替えをするつもりは一切ない）	13.6	5.3	7.7	14.0	14.8	26.3
	女性					
	全体	20〜29歳	30〜39歳	40〜49歳	50〜59歳	60〜69歳
すでに住み替える予定がある	3.8	5.8	5.2	3.0	2.5	2.1
ぜひ住み替えしたい	8.8	14.5	11.8	6.5	6.8	3.6
できれば住み替えしたい	18.6	19.8	22.7	21.2	17.8	10.5
どちらともいえない、まだわからない	32.8	38.5	34.3	36.7	31.3	22.2
できればずっと住み続けたい	17.2	11.3	14.7	14.2	19.2	27.6
ぜひずっと住み続けたい	7.4	4.0	5.8	8.7	8.3	10.3
一生住み続けると決めている（住み替えをするつもりは一切ない）	11.5	6.0	5.5	9.8	14.0	23.7

資料：カルチャースタディーズ研究所「東京圏調査」2011年

「湾岸2区」「南武線」は新築マンション居住者が多いため（新築持ち家マンションに住んでいる割合が15～17％、全体では13・5％）、今後、持ち家戸建て、あるいはより条件のよい分譲マンションなどに住み替えたいという希望が強いのではないかと思われる。

また「東急田園都市線沿線」「東武スカイツリーライン沿線」「京王線・小田急線の都内郊外」「中央線多摩」「埼玉南部」「さいたま市」「松戸・柏方面」など、郊外の住宅地でも住み替え希望は3割以上ある。

住み替え希望が弱いのは、「つくばエクスプレス沿線」「相模原以西」「房総」「常磐線沿線」「高崎線沿線」「千葉ニュータウン方面」となっているが、これらのブロックでは、すでに持ち家戸建てを取得している人が30％以上あるため（全体では24％）、定住希望が強いのだと考えられる。

約半数が今住んでいる地域での住み替えを希望

また、住み替えるとしたら、今住んでいる地域がいいかをたずねたところ、全体では「今の地域を強く希望」が18・7％、「できれば今の地域を希望」が31・9％と、約半数が今住んでいる地域での住み替えを希望していた（表3－5）。

郊外は終《つい》の住処《すみか》ではない

表3－5　住み替えるとしたら、今住んでいる地域がいいか

(%)

	今の地域を強く希望	できれば今の地域を希望	できれば他の地域を希望	他の地域を強く希望	わからない
全体	18.7	31.9	15.3	6.3	27.8
都心3区	33.8	33.8	9.1	0.0	23.4
副都心など4区	29.9	33.6	15.4	4.2	16.8
中央線近郊	25.8	33.9	11.0	4.7	24.6
城南4区	25.8	37.1	12.5	4.3	20.2
湘南	24.7	30.2	13.7	4.4	26.9
城北3区	22.2	32.0	17.7	6.4	21.8
房総	21.7	23.6	16.6	7.6	30.6
高崎線沿線	20.4	27.8	13.0	7.4	31.5
川越以西	19.6	27.7	17.0	8.5	27.2
京王線・小田急線の都内郊外	19.4	35.8	10.4	3.5	30.8
横浜東部・京急線	19.1	36.4	14.6	4.5	25.4
東急田園都市線沿線	18.4	33.7	15.8	4.1	28.1
千葉湾岸	18.3	35.7	13.7	5.3	27.0
下町3区	18.0	34.2	12.6	6.3	28.8
相模原以西	17.6	26.9	13.3	7.4	34.7
湾岸2区	16.9	33.9	13.0	4.5	31.6
埼玉南部	16.2	31.9	17.0	7.9	27.1
西武線沿線	16.1	30.2	12.7	8.3	32.7
さいたま市	16.0	34.0	11.1	8.6	30.3
横浜西部	15.4	36.1	16.3	2.9	29.3
千葉市	15.3	27.6	18.2	5.9	32.9
新下町2区	14.8	28.9	17.8	7.4	31.1
柏・松戸方面	14.4	30.3	16.6	8.7	30.0
南武線	14.4	35.0	21.9	6.3	22.5
中央線多摩	13.7	34.0	17.6	9.0	25.8
千葉ニュータウン方面	13.1	23.1	22.5	6.3	35.0
東武スカイツリーライン沿線	11.9	25.3	22.3	9.3	31.2
常磐線沿線	9.6	30.8	15.4	13.5	30.8
つくばエクスプレス沿線	9.3	32.6	18.6	7.0	32.6

資料:カルチャースタディーズ研究所「東京圏調査」2011年

男女別、年齢別では、20代と30代でやや他の地域を希望する者が多い。

居住29ブロック別に見ると、今の地域を強く希望しているのは、「都心３区」「副都心など４区」「中央線近郊」「城南４区」などであり、やはり利便性、文化性が高い地域に住むと、そこから出ようとは思いにくいということがわかる（60ページ図14、表３－５）。

それに比べると、「川越以西」「京王線・小田急線の都内郊外」「横浜東部・京急線」「東急田園都市線沿線」「千葉湾岸」などの郊外では、「今の地域を強く希望」する人は２割未満であり、「千葉ニュータウン方面」「東武スカイツリーライン沿線」「常磐線沿線」「つくばエクスプレス沿線」では１割前後に過ぎない。郊外は終《つい》の住処《すみか》とは考えられていないのである。

郊外に住む女性は地方に引っ越したい

２０１０年にカルチャースタディーズ研究所が１都３県在住の20～30代女性に行ったアンケートでも、今住んでいる地域に10年後も住んでいたいと回答した割合が高いブロックは、「都心７区」（この調査では「都心３区」と「副都心など４区」をまとめている）、「城南４区」、「湘南」などであり、郊外のブロックでは20％未満しかいなかった（60ページ図15、表３－６）。

表3―6　居住ブロック別　10年後も今のブロックに住んでいたいか（20〜30代女性）

（%）

	住んでいたい	まあ住んでいたい
都心3区・副都心など4区	26.9	38.8
城南4区	26.7	38.7
湘南	24.4	34.1
下町3区	20.0	43.3
中央線近郊	19.0	40.5
東急田園都市線沿線	18.5	37.0
高崎線沿線	18.5	29.6
千葉湾岸	17.1	31.6
南武線	16.7	35.2
横浜東部・京急線	15.2	37.9
房総	14.3	25.0
湾岸2区	13.6	44.1
横浜西部	13.0	37.0
中央線多摩	12.5	41.3
川越以西	11.9	37.3
柏・松戸方面	11.6	37.7
埼玉南部	11.1	38.9
京王線・小田急線の都内郊外	10.4	45.8
千葉市	9.5	31.0
城北3区	8.3	35.4
さいたま市	7.5	46.3
千葉ニュータウン方面	7.3	34.1
東武スカイツリーライン沿線	6.9	46.6
相模原以西	5.1	40.7
新下町2区	5.0	30.0
西武線	0.0	40.7

資料：カルチャースタディーズ研究所「現代最新女性調査」2010年

また、10年後に住んでいたい地域を具体的に回答してもらったところ、全体では「東京の都心部」15・3%、「東京の郊外の住宅地」21・3%、「東京に近くて、田園、山、海のあるところ」16・2%という結果が出る（表3-7）。

しかし、居住ブロック別に見ると、郊外のブロックに住む女性で、10年後も「東京の郊外の住宅地」に住みたいという人は20%台しかなく、「地方都市の中心部」のほうに住みたい人も多い。

さらに「地方都市の郊外の住宅地」「地方の農村、山村、漁村など田舎」を加えれば、郊外に住み続けたい女性よりも、地方に住みたい女性のほうが多いのである。

これは、東京圏の郊外住宅地が、本来の郊外住宅地にあるべき豊かな自然が必ずしもあるわけではなく、広い庭もないウサギ小屋が並んだだけのものだからであろう。かといって、都市的な魅力があるわけでもない。郊外は自然も不足しているし、都市らしさも不足している、中途半端な地域だからである。また、遠い都心に時間をかけて満員電車に乗って通うほど面白い仕事をしているわけでもないと考える人も多いからであろう。

また、女性の場合、結婚によって住所が変わる可能性が高いので、あえて今住んでいる郊外に住むのではなく、まったく違う場所で新生活を送ってみたいという気持ちも影響しているかもしれない。

このように、郊外に住む女性は10年後も郊外に住みたいと思っているわけではない。だが、興味深いことに、「東京の都心部」や「東京の山の手の住宅地」に住みたいという回答も郊外ブロックの居住者の10％前後しかないのである。若い女性は都心に住むことを求めているわけでもないのである。

おそらく、大概の物は郊外の駅ビルやショッピングモールなどで買うことができるからで

郊外に住む女性は、10年後は郊外にいたくない

表3−7　居住ブロック別　10年後に住んでいたい地域（20〜30代女性）

（%）

	東京の都心部	東京の山の手の住宅地	東京の伝統のある下町	東京の郊外の住宅地	東京に近くて、田園、山、海のあるところ	地方都市の中心部	地方都市の郊外の住宅地	地方の農村、山村、漁村など田舎	その他
全体	15.3	8.0	6.2	21.3	16.2	10.0	8.9	2.2	11.8
都心・副都心など7区	52.2	14.9	11.9	7.5	6.0	0.0	1.5	0.0	6.0
城南4区	33.3	21.3	8.0	13.3	12.0	2.7	0.0	4.3	8.0
中央線近郊	28.6	21.4	2.4	23.8	7.1	2.4	2.4	0.0	11.9
城北3区	35.4	14.6	4.2	35.4	4.2	2.1	0.0	2.1	2.1
下町3区	30.0	20.0	26.7	10.0	6.7	3.3	0.0	0.0	3.3
新下町2区	17.5	7.5	25.0	25.0	15.0	2.5	2.5	0.0	5.0
湾岸2区	28.8	11.9	22.0	10.2	3.4	1.7	6.8	5.1	10.2
中央線多摩	7.5	7.5	3.8	47.5	20.0	5.0	1.3	1.3	6.3
京王線・小田急線の都内郊外	6.3	12.5	2.1	45.8	14.6	4.2	2.1	2.1	10.4
西武	13.6	1.7	8.5	45.8	11.9	8.5	6.8	0.0	3.4
横浜東部・京急線	7.6	6.1	6.1	13.6	19.7	9.1	10.6	1.5	25.8
横浜西部	8.7	0.0	2.2	6.5	19.6	21.7	23.9	0.0	17.4
東急田園都市線沿線	9.3	3.7	1.9	29.6	25.9	9.3	7.4	3.7	9.3
南武線	7.4	3.7	5.6	22.2	18.5	14.8	5.6	7.4	14.8
湘南	2.4	4.9	2.4	12.2	26.8	12.2	17.1	2.4	19.5
相模原以西	5.1	6.8	1.7	23.7	25.4	6.8	18.6	0.0	11.9
さいたま市	11.9	9.0	1.5	14.9	16.4	25.4	10.4	1.5	9.0
高崎線沿線	3.7	0.0	0.0	29.6	14.8	29.6	11.1	0.0	11.1
埼玉南部	14.8	3.7	3.7	24.1	16.7	18.5	9.3	1.9	7.4
東武スカイツリーライン沿線	10.3	8.6	1.7	20.7	12.1	13.8	10.3	5.2	17.2
川越以西	4.5	1.5	3.0	25.4	25.4	7.5	17.9	1.5	13.4
千葉市	4.8	2.4	2.4	23.8	9.5	33.3	9.5	2.4	11.9
千葉湾岸ゾーン	11.0	3.4	3.4	25.4	17.8	22.0	8.5	1.7	6.8
房総	0.0	0.0	7.1	14.3	7.1	14.3	14.3	7.1	35.7
千葉ニュータウン方面	9.8	2.4	2.4	4.9	19.5	7.3	39.0	2.4	12.2
柏・松戸方面	11.6	7.2	2.9	18.8	24.6	8.7	7.2	2.9	15.9
埼玉東部ゾーン	8.2	5.9	1.2	23.5	12.9	18.8	10.6	3.5	15.3
千葉湾岸	14.5	3.9	3.9	26.3	22.4	15.8	7.9	1.3	3.9

資料：カルチャースタディーズ研究所「現代最新女性調査」2010年

あろう。もちろんインターネットで買うこともできる。だから、東京の都心部や城南の山の手住宅地に住む必要はあまりないのである。

地域のイメージ

次に、居住地ブロック別に、自分が住んでいる地域のイメージを聞いてみた（表3－8～11）。まず「おしゃれ」は、「都心3区」に次いで「東急田園都市線沿線」が2位になった。3位は「中央線近郊」、4位は「城南4区」である。「城南4区」を抑えて「東急田園都市線沿線」がおしゃれイメージで勝ったというのは、すごいことである。

「高級」については、「都心3区」「城南4区」「副都心など4区」に次いで、また「東急田園都市線沿線」が「中央線近郊」を抑えて、10・7％で4位にランクインした。

数値は5％前後だが、5位以下は「横浜西部」「横浜東部・京急線」「中央線多摩」などが並んでおり、これらのブロックが「湘南」より高いのも驚きである。

「きれい」なイメージでは「つくばエクスプレス沿線」「東急田園都市線沿線」がダントツ。「将来発展しそう」なイメージでは、「つくばエクスプレス沿線」がダントツであるが、「柏・松戸方面」「東急田園都市線沿線」も8％前後ある。

居住ブロック別イメージランキング

表3—9
「高級」イメージ・ベスト5　(%)

都心3区	19.5
城南4区	14.7
副都心など4区	10.7
東急田園都市線沿線	10.7
横浜西部	5.8

表3—11
「将来発展しそう」イメージ・ベスト10　(%)

つくばエクスプレス沿線	20.9
下町3区	9.0
柏・松戸方面	8.7
都心3区	7.8
東急田園都市線沿線	7.7
湾岸2区	7.3
千葉ニュータウン方面	6.3
中央線多摩	5.9
埼玉南部	5.7
新下町2区	5.2

表3—13
「便利」イメージ・ベスト15　(%)

都心3区	62.3
副都心など4区	58.9
城南4区	52.3
中央線近郊	50.8
東急田園都市線沿線	43.9
下町3区	43.2
南武線	43.1
城北3区	42.1
千葉湾岸	41.3
湾岸2区	40.7
さいたま市	39.8
千葉市	38.2
京王線・小田急線の都内郊外	36.3
埼玉南部	33.2
横浜東部・京急線	33.1

表3—8
「おしゃれ」イメージ・ベスト5　(%)

都心3区	13.0
東急田園都市線沿線	9.7
中央線近郊	5.1
城南4区	5.1
横浜東部・京急線	4.5

表3—10
「きれい」イメージ・ベスト10　(%)

つくばエクスプレス沿線	18.6
東急田園都市線沿線	17.3
千葉ニュータウン方面	11.9
京王線・小田急線の都内郊外	10.9
中央線多摩	9.8
都心3区	9.1
千葉市	8.8
千葉湾岸	8.7
城南4区	8.4
湘南	7.7

表3—12
「活気がある」イメージ・ベスト10　(%)

都心3区	14.3
副都心など4区	13.6
南武線	11.9
中央線近郊	11.9
つくばエクスプレス沿線	11.6
千葉湾岸	11.3
東急田園都市線沿線	11.2
城南4区	11.1
下町3区	9.9
横浜東部・京急線	9.6

表3—14
「雑多」イメージ・ベスト10　(%)

新下町2区	20.7
下町3区	17.1
南武線	15.0
横浜東部・京急線	13.1
副都心など4区	11.7
城北3区	11.3
柏・松戸方面	9.7
千葉湾岸	9.7
城南4区	9.2
湾岸2区	9.0

資料:カルチャースタディーズ研究所
「東京圏調査」2011年

いずれにしろ、「東急田園都市線沿線」のイメージのよさは傑出している。

南武線は活気がある

「活気がある」では、当然ながら「都心３区」「副都心など４区」が上位だが、「中央線近郊」を抑えて「南武線」が３位なのはちょっと驚きだ（表３‐12）。武蔵小杉、溝の口などの駅周辺の近年の急速な発展がこうした結果を生み出したのであろう。「つくばエクスプレス沿線」「千葉湾岸」「東急田園都市線沿線」も11％台でランクインしている。

また「便利」では、都心部が上位に来るのは当然として、「東急田園都市線沿線」「南武線」「千葉湾岸」「さいたま市」「千葉市」なども４割前後の数字を示している（表３‐13）。郊外も、主要な地域は都心部に次ぐ利便性が魅力になっているのである。

ショッピングモール、アウトレットなどの大型商業施設の増加、シネマコンプレックスなどの娯楽施設の充実が、「活気」「便利」さにおける郊外の評価につながっていると言える。

また「雑多」では、「新下町２区」「下町３区」「南武線」、あるいは「城北３区」「柏・松戸方面」「千葉湾岸」などがベスト10に入っており、先述した「住みたい街」というより「住んでよかった街」に近い（表３‐14）。

「南武線」「千葉湾岸」は郊外ブロックであるが、１９７０年代までは工場も多く労働者の多い地域であったために、飲食、娯楽、ギャンブルなどの施設も多い。

そのため、昔は少し怖いイメージもあったのだが、今では実際に住んでみると、物価も安く、暮らしやすい。これからの時代には、こうした雑多な街の魅力も東京全体にとって重要であり、新しいビジネスを始める場合でも、新しい発想を生み出す基盤になりうるだろう。

住む人、働く人、遊ぶ人の奪い合い

このように、一見同じような郊外でも、本来は、その地域ごとの歴史の違いにより多様性がある。そうした地域ごとの個性、資源を見つけ出して魅力をアピールしていくことが、これからの時代には必要である。

なぜならば、第１章で述べたように、現在の日本はすでに人口減少期に入っており、東京圏でも近々人口減少が起こる。人口の増加期ならば、どんな地域でも放っておいても発展できた。

しかし人口減少期になると、各地域が発展していくためには、人口を少しでも奪うために競争をしていかねばならない。魅力的な地域には、住む人、働く人、遊びに来る人、買い物に来る人が増えるが、魅力のない地域では、住む人も、働く人も、遊びに来る人も、買い物に来る人も減る。人が減れば税収が減り、自治体の財政もますます難しくなるからである。

専業主婦のための東急田園都市線

次に「あなたは現在お住まいの地域について、どんな点が気に入っていますか」という質問への回答を、居住29ブロック別に見てみる（表3-15〜22）。

「地域、沿線、駅のイメージがよい」は圧倒的に「東急田園都市線沿線」が高く、43・9％である。「城南4区」「中央線近郊」や「湘南」を上回っている。

同じ郊外でも、「さいたま市」「千葉市」「千葉湾岸」「柏・松戸方面」「埼玉南部」などが10％台であることと比較して、「東急田園都市線沿線」は非常にイメージがよい。

また「東急田園都市線沿線」は、「良好な住宅地である」が29・6％で1位、「治安がよい」も28・6％で1位、「ショッピングモール、アウトレットモールに行きやすい」も17・3％で1位。「都心からほどよく離れている」が21・4％で2位、「緑が多い」が35・2％で4位と、理想的な郊外住宅地として評価されていると言ってよい。

こうしたイメージ優先の住宅地選択は、特に専業主婦によってなされている。

ベスト10

表3−16　良好な住宅地である

(%)

東急田園都市線沿線	29.6
城南4区	24.6
中央線近郊	21.2
つくばエクスプレス沿線	20.9
湘南	19.8
横浜西部	19.2
柏・松戸方面	17.3
千葉湾岸	16.7
京王線・小田急線の都内郊外	16.4
中央線多摩	16.4

表3−17　治安がよい

(%)

都心3区	28.6
東急田園都市線沿線	28.6
城南4区	26.7
中央線近郊	25.0
副都心など4区	23.4
湘南	22.5
千葉ニュータウン方面	21.3
京王線・小田急線の都内郊外	20.4
横浜西部	20.2
西武線郊外	20.0

表3−18　ショッピングモール、アウトレットモールに行きやすい

(%)

東急田園都市線沿線	17.3
千葉市	15.9
東武スカイツリーライン沿線	15.6
つくばエクスプレス沿線	14.0
埼玉南部	13.1
千葉湾岸	13.0
柏・松戸方面	13.0
千葉ニュータウン方面	11.3
常磐線	9.6
湾岸2区	9.6

表3−15　地域、沿線、駅のイメージがよい

(%)

東急田園都市線沿線	43.9
城南4区	34.5
中央線近郊	29.7
都心3区	27.3
副都心など4区	24.8
湘南	22.0
横浜東部・京急線	19.7
京王線・小田急線の都内郊外	17.9
中央線多摩	17.6
さいたま市	16.4
南武線	16.3
千葉市	15.3
千葉湾岸	13.3
西武線	13.2
城北3区	12.8
下町3区	12.6
つくばエクスプレス沿線	11.6
横浜西部	11.1
柏・松戸方面	10.1
埼玉南部	10.0
湾岸2区	9.6
川越以西	9.4
相模原以西	9.0
千葉ニュータウン方面	8.8
新下町2区	5.2
伊勢崎線	4.1
常磐線沿線	3.8
高崎線沿線	3.7
房総	2.5

資料:カルチャースタディーズ研究所「東京圏調査」2011年

居住ブロック別　気に入っている点

表3−20　緑が多い

(%)

中央線多摩	38.7
西武線	38.0
つくばエクスプレス沿線	37.2
東急田園都市線沿線	**35.2**
柏・松戸方面	33.8
横浜西部	33.7
湘南	33.5
京王線・小田急線の都内郊外	33.3
川越以西	32.6
柏・松戸方面	32.5

表3−19　都心からほどよく離れている

(%)

京王線・小田急線の都内郊外	22.4
東急田園都市線沿線	**21.4**
西武線	20.0
常磐線	19.2
横浜西部	18.8
千葉市	18.2
柏・松戸方面	17.7
湘南	17.6
中央線多摩	17.6
相模原以西	17.0

表3−22　都心からの距離が近い

(%)

都心3区	53.2
副都心など4区	51.4
下町3区	41.4
城南4区	41.2
湾岸2区	40.1
中央線近郊	36.4
城北3区	30.5
新下町2区	28.1
南武線	28.1
千葉湾岸	25.7

表3−21　日常の買い物が便利

(%)

さいたま市	40.2
湾岸2区	39.0
中央線近郊	38.1
千葉湾岸	38.0
西武線	36.1
柏・松戸方面	35.7
千葉市	35.3
城南4区	35.2
南武線	33.8
下町3区	33.3

おしゃれさと高級感が専業主婦に人気の東急田園都市線沿線

田園都市線は主婦好みの地域

表3−24　正社員が住んでみたいと思うブロック（3つまで選択）

（%）

城南4区	15.3
副都心など4区	11.2
都心3区	10.6
中央線近郊	9.9
湘南	8.4
横浜東部・京急線	7.3
東急田園都市線沿線	**6.5**
京王線・小田急線の都内郊外	6.3
千葉湾岸	5.4
城北2区	5.4

表3−23　専業主婦が住んでみたいと思うブロック（3つまで選択）

（%）

城南4区	12.4
湘南	11.9
東急田園都市線沿線	**9.9**
中央線近郊	8.6
副都心など4区	7.8
横浜東部・京急線	6.5
京王線・小田急線の都内郊外	6.3
都心3区	6.1
さいたま市	5.6
小田急線神奈川県郊外	5.1

資料：カルチャースタディーズ研究所「東京圏調査」2011年

実際、属性別にこれから住んでみたいブロックを集計してみると、男女別・年齢別では、60代の女性で東急田園都市線沿線に住みたい人が12％と多く、男性でも50代以上が30代未満よりも2倍近く多い。

また、専業主婦が住んでみたいのは「城南4区」「湘南」に次いで「東急田園都市線沿線」が3位である。ところが「正社員」（男女）では、「城南4区」「副都心など4区」「都心3区」となり、「東急田園都市線沿線」は6・5％で7位である。「東急田園都市線沿線」は明らかに女性好み、専業主婦好みの地域なのだ（表3-23、24）。

余談だが、カルチャースタディーズ研究所が2010年に1都3県在住の20〜30代女性に対して行ったアンケートによると、「シーツをほとんど毎日洗濯する」という女性が「東急田園都市線沿線」では11・1％と非常に多く、全ブロック中１位であった（表３－25）。

シーツをほとんど毎日洗うようなライフスタイルは、１９５０年代のアメリカの郊外中流家庭の主婦のライフスタイルである。東急田園都市線は、東急電気鉄道がまさに１９５０年代のアメリカの代表的な郊外住宅地開発企業であるレヴィット・アンド・サンズ社と当初提携をしてつくりあげたニュータウンである。そこに住む女性たちが、１９５０年代のアメリカ的なライフスタイルを今も踏襲しているとはまことに興味深い。

表3−25　シーツを洗う頻度（20〜30代女性）

（%）

	ほとんど毎日洗濯する	2〜3日に1回洗濯する
東急田園都市線沿線	11.1	9.3
房総	7.1	0.0
東武スカイツリーライン沿線	6.9	3.4
湾岸2区	6.8	8.5
湾岸	6.6	7.9
相模原以西	5.1	6.8
千葉湾岸	5.1	9.3
中央線	4.8	4.8
埼玉東部ゾーン	4.7	5.9
京王線・小田急線の都内郊外	4.2	2.1
南武線	3.7	14.8
西武線	3.4	5.1
下町3区	3.3	13.3
都心・副都心7区	3.0	11.9
さいたま市	3.0	6.0
常磐線	2.9	13.0
湘南	2.4	2.4
千葉ニュータウン方面	2.4	4.9
千葉市	2.4	11.9
横浜西部	2.2	4.3
城北3区	2.1	6.3
埼玉南部	1.9	5.6
横浜東部・京急線	1.5	10.6
下町6区	1.4	11.4
城南4区	1.3	4.0
中央線多摩	1.3	10.0
新下町2区	0.0	10.0
川越以西	0.0	10.4
高崎線沿線	0.0	11.1

資料:カルチャースタディーズ研究所「現代最新女性調査」2010年

イメージの横浜に対して、実質の埼玉、千葉は団塊ジュニア向き

しかし「日常の買い物が便利」では「さいたま市」「湾岸2区」「中央線近郊」「千葉湾岸」「西武線」「柏・松戸方面」など、イメージでは高くなかった地域もかなり上位に来ており、地域に対してイメージのよさとはまた別の評価がされていることがわかる（表3‐21）。

また「都心からの距離が近い」については、「南武線」「千葉湾岸」、10位以下だが「埼玉南部」「さいたま市」があがっており、利便性が評価されている（表3‐22）。

このように、イメージのよさという意味では「東急田園都市線沿線」や横浜方面の2ブロックが勝るが、日常の便利さや通勤の便利さなどの実質では、埼玉、千葉の郊外が勝つという構図が見えてくる。

また、南武線は、「日常の買い物」も「都心からの距離」も評価が高い。いちおう横浜側で、世田谷の隣にある南武線沿線は田園都市線的なイメージのよさがあり、しかも、元工場地帯ならではの「活気」「雑多さ」もあるため、埼玉、千葉的な実質性を兼ね備えているとも言えるだろう。団塊ジュニアにとっては選びやすい地域であると言える。

かつて私は、『「東京」の侵略』（パルコ出版、1987年）という本の中で南武線沿線を

「ニューダウンタウン多摩川」と名付け、旧来の工場地帯的なイメージを払拭することが今後の発展のために必要だと書いたが、これほど見事にイメージチェンジができるとは思わなかった。

また、先に見た団塊ジュニアの人口が増えている地域についても、どちらかと言えば、イメージのよい東急田園都市線沿線や横浜方面ではなく、実質的な埼玉、千葉方面で多いことも重要な点である（55ページ図9）。

「住んでみたいブロック」を見ても、団塊ジュニアである30代の男性で上位を占めるのは、「城南4区」「副都心など4区」であるが、ベスト10に「京王線・小田急線の都内郊外」「千葉湾岸」「埼玉南部」が入り、11位に「さいたま市」、「東急田園都市線沿線」は12位である（表3－26）。女性ではさすがに東急田園都市線沿線が7位になるが、「京王線・小田急線の都内郊外」「さいたま市」との差はほとんどない（表3－27）。

郊外がゴーストタウンになる危険

この傾向は20代になるとさらに顕著であり、男性では「東急田園都市線沿線」は14位に下がり、「千葉湾岸」よりも人気が低い。女性でも「東急田園都市線沿線」は11位に下がり、

表3－26　住んでみたいブロック（男性）

（%）

	合計	20～29歳	30～39歳	40～49歳	50～59歳	60～69歳
東京圏外にしか住みたくない	13.4	12.2	13.7	12.7	13.3	15.3
城南4区	11.9	16.2	11.5	10.8	11.0	10.2
副都心など4区	10.5	14.0	10.0	10.5	9.5	8.3
横浜東部・京急線	7.4	9.2	8.3	6.0	6.0	7.5
都心3区	9.0	11.3	8.2	10.8	7.0	7.5
中央線近郊	8.9	12.3	7.5	8.3	9.0	7.2
湘南	9.6	5.8	7.3	7.3	12.2	15.5
京王線・小田急線の都内郊外	6.2	5.5	7.2	5.7	6.3	6.3
千葉湾岸	5.4	5.8	6.8	5.2	4.8	4.3
埼玉南部	3.8	4.3	5.8	4.7	2.2	2.0
城北3区	5.0	6.2	5.7	4.7	4.0	4.3
さいたま市	5.1	6.8	5.3	5.2	5.3	3.0
東急田園都市線沿線	6.7	4.8	5.2	6.0	8.3	9.0
下町3区	4.0	4.2	5.0	4.8	3.5	2.7
海外にしか住みたくない	5.3	7.2	5.0	6.2	5.8	2.5
湾岸2区	3.9	4.3	4.7	4.8	3.3	2.3
横浜西部	5.4	7.0	4.7	4.0	5.0	6.3
相模原以西	4.3	3.5	4.0	3.7	3.8	6.3
南武線	3.5	4.7	3.7	3.0	4.0	2.3
東武スカイツリーライン沿線	1.8	1.5	3.2	1.7	1.5	1.2
中央線多摩	4.2	3.3	3.0	5.3	5.0	4.2
西武線	2.6	2.2	3.0	2.7	1.8	3.2
新下町2区	1.9	2.0	2.5	2.3	1.8	0.7
柏・松戸方面	2.1	2.2	2.5	1.3	2.2	2.3
千葉市	2.6	2.3	2.3	2.7	3.0	2.5
千葉ニュータウン方面	1.9	1.8	2.3	1.0	1.8	2.3
房総	2.5	1.2	2.2	1.8	3.7	3.8
川越以西	2.2	1.0	1.8	3.3	2.0	2.7
つくばエクスプレス沿線	2.4	1.8	1.8	2.2	2.3	3.8
高崎線沿線	1.5	0.8	1.7	1.8	1.8	1.5
常磐線沿線	0.9	0.8	0.8	0.7	1.2	1.2

資料：カルチャースタディーズ研究所「東京圏調査」2011年

中高年では湘南、田園都市線が人気

表3−27　住んでみたいブロック（女性）

（%）

	合計	20〜29歳	30〜39歳	40〜49歳	50〜59歳	60〜69歳
城南4区	15.3	14.0	18.8	14.5	16.5	12.6
副都心など4区	11.5	13.5	12.2	11.2	11.8	8.6
中央線近郊	10.4	12.5	10.5	9.0	9.8	10.0
横浜東部・京急線	6.8	7.5	8.8	6.0	6.3	5.1
東京圏外にしか住みたくない	11.4	12.7	8.7	11.5	12.5	11.8
都心3区	9.1	11.3	8.7	9.8	7.7	7.9
湘南	10.1	8.7	8.7	7.5	10.5	15.8
東急田園都市線沿線	8.0	5.8	6.7	6.7	9.3	12.0
京王線・小田急線の都内郊外	6.9	7.8	6.5	5.5	8.0	6.8
さいたま市	5.3	4.3	5.8	7.0	4.7	4.7
横浜西部	4.7	4.0	5.7	3.3	5.8	4.9
海外にしか住みたくない	5.0	6.0	5.2	5.2	5.2	3.4
千葉湾岸	4.6	6.2	4.8	4.2	2.8	4.9
湾岸2区	3.0	2.8	4.5	3.2	2.8	1.3
埼玉南部	3.8	4.0	4.3	4.0	2.3	4.5
城北3区	4.3	5.0	4.2	3.8	4.8	3.8
千葉市	2.8	3.7	3.5	1.3	2.7	2.6
相模原以西	3.4	2.7	3.3	2.7	3.5	5.1
中央線多摩	3.5	3.2	3.3	3.3	3.7	3.9
南武線	2.7	3.3	3.2	2.7	2.5	1.9
柏・松戸方面	2.8	2.7	3.0	2.8	2.5	3.0
下町3区	3.1	3.8	2.8	2.8	3.7	2.3
東武スカイツリーライン沿線	2.7	2.7	2.3	3.0	2.2	3.2
西武線	2.7	2.3	2.3	2.3	3.8	2.4
新下町2区	1.7	1.2	2.3	2.3	1.0	1.9
つくばエクスプレス沿線	1.9	1.3	2.2	1.7	2.8	1.3
房総方面	1.9	2.3	1.7	2.2	0.7	2.8
常磐線沿線	0.6	0.7	1.3	0.3	0.7	0.2
千葉ニュータウン方面	1.5	2.8	1.2	1.5	0.8	1.3
川越以西	1.7	2.0	0.8	2.7	1.2	2.1
高崎線沿線	1.5	2.0	0.7	2.0	1.5	1.5

資料:カルチャースタディーズ研究所「東京圏調査」2011年

やはり「千葉湾岸」よりも人気が低くなる。

高校卒業、大学入学時点でバブルがはじけ、以来ずっと長期不況を経験してきた団塊ジュニアやそれ以降の若い世代にとっては、イメージはよいが値段が高い東急田園都市線沿線はブランド品のようなものであり、そう簡単には手を出さない。コストパフォーマンスが悪く感じるのである。

どうせ値段が高いなら、都心に近いほうがコストパフォーマンス的に見て実質的であり、高い家賃を払う能力がないなら埼玉、千葉、湾岸でよい。ブランド品よりもユニクロでＯＫという団塊ジュニアらしい価値観が現れていると言える。

しかし、先述したように、人口が多い団塊ジュニア、さらにその次の若い世代が住んでくれない地域は、今後、高齢化の速度がますます激しくなり、ニュータウンだった街がオールドタウンになるだろう。中古住宅がどんなに安くても売れなくなり、空き家が増えていく。子どもが減り、小中学校が廃校になる。そういう地域では、子どものいる若い世帯は住んでみようがない。住宅地はいずれ高齢の単身世帯だらけになり、最後には誰もいなくなり、50年後にはオールドタウンどころかゴーストタウンになる。そうならないとは誰も言えないのである。

開発から40年を経たニュータウンの今後はどうなる？

第4章　団塊世代は親子二世帯同居をするか？

団塊世代の子や孫が持続的に生活できる住宅地だけが生き延びる

東京圏の多くの地域は高齢化がどんどん進み、かつてのニュータウンですらオールドタウンになり始めている。２０１０年の国勢調査によれば、東京都内でも都営住宅やＵＲの古い団地のある稲城市大丸、北区桐ヶ丘1丁目、２丁目、北区赤羽台1丁目、大田区東糀谷《こうじや》6丁目、日野市多摩平4丁目では65歳以上の割合が5割前後あり、新宿区戸山2丁目、東久留米市上の原、多摩市豊ヶ丘5丁目、多摩市愛宕《あたご》3丁目も4割台である。そうした地域は、場合によっては将来ゴーストタウンになる危険がある。

そうならないためには、団塊ジュニア以降の若い世代が今後新たに住んでくれるようにする必要がある。それには、魅力的な住宅地を安く供給する必要がある。UR都市機構・多摩平の森でもそうした施策が講じられていることは、拙著『第四の消費』でも紹介した。

また近年は地域にコミュニティ性がちゃんとあるかどうかが問われる時代になっている。高齢者が安心、安全、健康に暮らせるかという観点からも、コミュニティがしっかりしているかどうかはとても重要である。

しかも、2012年から団塊世代が65歳になり始め、定年後に延長雇用してもらっていた彼らも本格的にリタイアする。そうなると、彼らはマイホームのある地域の中で過ごす時間が増える。ところが、長い間会社人間だった男性は、地域の中でうまくやっていくまでには時間がかかる。地域社会に溶け込むためのさまざまな方策が必要だ。

つまり、団塊ジュニアにとって魅力的で、かつ団塊世代が地域に溶け込みやすい住宅地が求められる。言い換えれば、団塊世代、団塊ジュニア、さらにそのまたジュニアという3世代が持続的に生活できる環境を提供する住宅地が、今後は生き延びるのである。もちろん、団塊世代や団塊ジュニア以外の世代も重要であるが、マーケティング的観点からは、人口の多いこの2つの世代のニーズに応えることが最も重要であることは言うまでもない。

自分の地域に愛着がある人は4割弱

図4−1　現在お住まいの「地域」に対してどの程度愛着が強いか

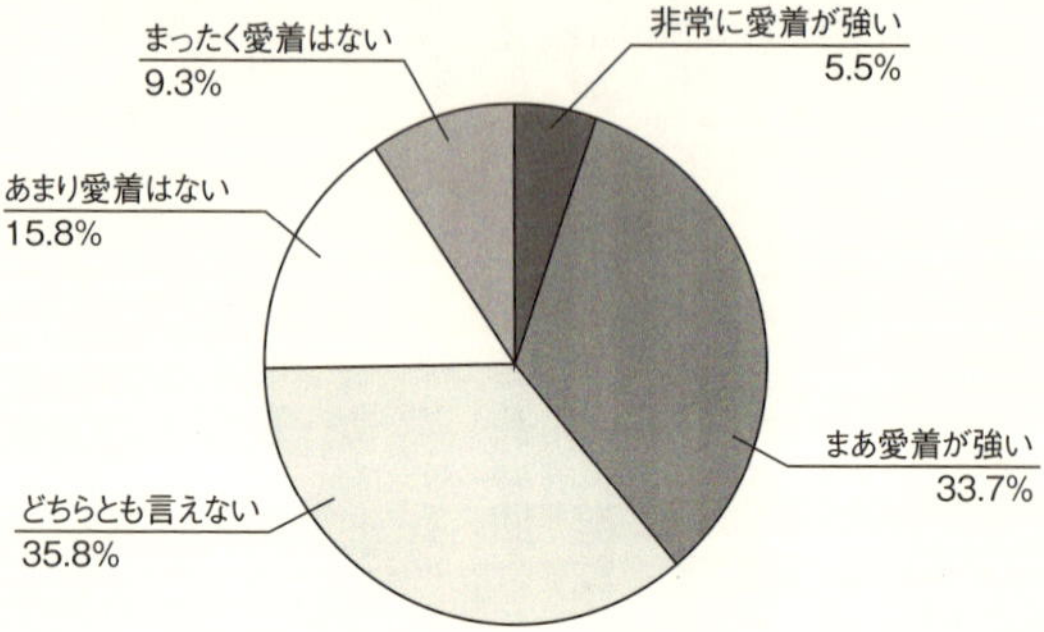

資料:カルチャースタディーズ研究所「東京圏調査」2011年

地域への愛着はあるのか？

良好な住宅地、コミュニティが形成されるためには、まず住民の地域に対する愛情、愛着が必要である。

そこで、アンケートで「現在お住まいの『地域』に対してどの程度愛着が強いですか」とたずねたところ、東京圏全体では「非常に愛着が強い」５・５％、「まあ愛着が強い」33・７％、「どちらとも言えない」35・８％などとなっており、愛着を持っている人は４割弱である（図４‐１）。

男女差、年齢差はあまりないが、男女とも60代では「非常に愛着が強い」「まあ愛着が強い」の合計が50％を超え、他の世代よりも10ポイント以上多い。

また、居住地ブロック別では、「非常に愛着が強い」「まあ愛着が強い」の合計が多いのは、「京王線・小田急線の都内郊外」「城南4区」「中央線近郊」「副都心など4区」「都心3区」が上位を占めた（表4－1）。東京都内の西側の人気の街、住みたい街に住んでいる人で、地域への愛着が強いと言える。

千葉、埼玉で多い地域での交流

次に、地域で住民同士の交流に参加しているか聞いたところ、「よく参加している」2・

都心など東京都内西側で愛着が強い

表4−1　住んでいる地域に対して愛着が強い人の割合

（%）

京王線・小田急線の都内郊外	48.8
城南4区	47.7
中央線近郊	45.8
副都心など4区	44.9
都心3区	44.2
湘南	42.9
下町3区	42.3
東急田園都市線沿線	41.8
横浜東部・京急線	41.5
横浜西部	40.4
千葉湾岸	40.3
千葉ニュータウン方面	40
城北3区	39.8
高崎線沿線	39.8
西武線	39.5
千葉市	39.4
つくばエクスプレス沿線	37.2
柏・松戸方面	37.2
中央線多摩	35.9
湾岸2区	35.6
房総	35
相模原以西	34.7
常磐線	34.6
埼玉南部	34.5
新下町2区	34.1
さいたま市	34
川越以西	33.9
南武線	32.5
東武スカイツリーライン沿線	31.6

資料：カルチャースタディーズ研究所「現代最新女性調査」2010年

年をとるほど住民の交流は増加

表4－2　住民同士の交流に参加しているか（全体）

（%）

よく参加している	2.3
まあ参加している	16.1
あまり参加していない	36.6
まったく参加していない	45.1

（%）

男性					
全体	20～29歳	30～39歳	40～49歳	50～59歳	60～69歳
17.1	7.0	11.2	17.5	20.0	30.0

女性					
全体	20～29歳	30～39歳	40～49歳	50～59歳	60～69歳
19.6	9.0	13.0	18.5	23.0	36.5

資料：カルチャースタディーズ研究所「東京圏調査」2011年

3%、「まあ参加している」16・1%であり、参加状況はあまりよくない（表4－2）。

男女別、年齢別では、女性では年齢が上がるほど参加が増える。これは、30代を過ぎると子育てによる参加が増え、50代を過ぎると地域に知人や友人が増え、かつ子どもが巣立って時間の余裕ができるからであろう。

居住29ブロック別で見ると、「よく参加している」「まあ参加している」の合計が多いのは、「房総」「川越以西」「つくばエクスプレス沿線」「高崎線沿線」「柏・松戸方面」「千葉ニュータウン方面」「千葉湾岸」「東武スカイツリーライン沿線」などとなっており、東京から神奈川にかけてのブロックは、あまり交流への参加が多くない（表4－3）。

愛着と交流は別

「愛着」では上位だった「副都心など4区」「都心3区」は、「参加」では最下位であり、

「城南4区」は16%、「中央線近郊」も15%ほどしかない。愛着がある地域と交流が盛んな地域は別なのだ。

そういう意味では、「城南4区」「中央線近郊」「副都心など4区」「都心3区」に住んでいる人々は、人気のある街に住んでいるから、その街に愛着があるに過ぎず、自分が主体的にその街の魅力向上に参加しているわけではないとも言えそうである。

また、それらの地域はそもそも都会的なライフスタイルの地域であり、一人暮らしも多く、男女とも仕事中心に生活をしている人も多いから、生活の場である地域において、隣近所の

愛着の強い地域は交流が少ない

表4−3　居住ブロック別　住民同士の交流に参加している人の割合

(%)

房総	30.6
川越以西	27.2
つくばエクスプレス沿線	25.6
高崎線沿線	24.1
柏・松戸方面	22.0
千葉ニュータウン方面	21.9
千葉湾岸	21.3
東武スカイツリーライン沿線	20.8
中央線多摩	19.5
西武線	19.5
京王線・小田急線の都内郊外	18.9
東急田園都市線沿線	18.9
千葉市	18.8
横浜西部	18.8
湘南	18.7
埼玉南部	17.9
横浜東部・京急線	17.6
常磐線	17.3
相模原以西	17.0
さいたま市	16.4
下町3区	16.2
城南4区	16.1
中央線近郊	14.8
城北3区	14.3
新下町2区	14.1
南武線	13.1
湾岸2区	11.9
副都心など4区	11.7
都心3区	10.4

資料:カルチャースタディーズ研究所「東京圏調査」2011年

交流の内実は会釈程度

表4―4　具体的な交流の内容

（%）

道で会ったら会釈をする程度の人がいる	43.0
町内会費を払っている	37.1
道で会ったら立ち話をするくらいの人がいる	27.8
困った時に手助けしてくれる人が何人かいる	16.9
たまに家に招いて（招かれて）お茶を飲んだりする人がいる	12.7
たまに居酒屋などで一緒に酒を飲んだりする人がいる	12.4
たまに喫茶店などで話をしたりする友人がいる	10.9
家の近くに、行きつけ・顔なじみの飲食店がある	10.2
自治会や地域住民のサークルなど地域活動に参加している	7.8
地域や子どもの学校での活動・イベントなどで一緒に活動する人がいる	6.4
地域のイベントやチャリティーには積極的に参加している	3.1

資料：カルチャースタディーズ研究所「東京圏調査」2011年

人々と交流する時間もないのであろう。

それに比べると、千葉などの新興住宅地では、周辺に農村的なコミュニティが残っていたり、新住民も個人主義的なエリート階級ではなく、庶民的な人が多かったりする。そういう人々は、最初は互いに見知らぬ同士だったからこそ、住民同士の交流を深めることに意欲がわくのであろう。また、専業主婦が多いから、昼間は主婦たちの付き合いが盛んになりやすい。

私の知人に千葉県白井市在住の40代半ばの男性がいるが、彼の話によると、たしかに彼の町内では住民の地域活動が盛んだそうである。しかも彼は、子どもが４人もいる。何人もの子どもをのびのび育てるには、広い土地、広い家が安く購入できる必要があり、地域社会もしっかりしていたほうがいい。その意味で、白井市はぴったりなのだろう。

具体的な交流の内容は、「道で会ったら会釈をする程度の人がいる」人が43％で圧倒的である（表４‐４）。次に「道で会ったら立ち話をするくらいの人がいる」が27・８％。「困った時に手助けしてくれる人が何人かいる」「たまに家に招いて（招かれて）お茶を飲んだりする人がいる」「たまに居酒屋などで一緒に酒を飲んだりする人がいる」「たまに喫茶店などで話をしたりする友人がいる」は10％台であり、「自治会や地域住民のサークルなど地域活動に参加している」「地域や子どもの学校での活動・イベントなどで一緒に活動する人がいる」「地域のイベントやチャリティーには積極的に参加している」は10％未満である。このように見てくると、東京圏の地域社会はしっかりしたものだとは言い難い。

また、具体的な交流内容のうち、「困った時に手助けしてくれる人が何人かいる」割合を男女別、年齢別に見ると、ほとんどの年齢で女性のほうが男性の約２倍である（表４‐５）。60代男性では15％しかないのが、今後さらに高齢化が進んでいくにつれ問題になりそうである。

居酒屋か、お茶か

さらに、居住地ブロック別に見ると、「たまに居酒屋などで一緒に酒を飲んだりする人が

若い男性ほど交流が少ない

表4−5　男女別・年齢別　具体的な交流内容

（%）

	男性					
	全体	20〜29歳	30〜39歳	40〜49歳	50〜59歳	60〜69歳
困った時に手助けしてくれる人が何人かいる	12.0	10.3	11.0	11.7	12.3	14.7
たまに家に招いて（招かれて）お茶を飲んだりする人がいる	7.7	6.0	7.3	8.5	6.5	10.3
道で会ったら立ち話をするくらいの人がいる	20.0	10.0	9.5	17.3	23.7	39.3
道で会ったら会釈をする程度の人がいる	37.2	20.7	25.0	41.3	42.2	56.7
地域のイベントやチャリティーには積極的に参加している	2.8	0.7	1.5	2.7	3.5	5.7
自治会や地域住民のサークルなど地域活動に参加している	7.3	1.5	4.0	6.3	8.8	15.7
	女性					
	全体	20〜29歳	30〜39歳	40〜49歳	50〜59歳	60〜69歳
困った時に手助けしてくれる人が何人かいる	22.0	15.2	21.5	21.8	24.0	28.2
たまに家に招いて（招かれて）お茶を飲んだりする人がいる	17.8	9.7	19.2	16.8	17.8	26.5
道で会ったら立ち話をするくらいの人がいる	35.9	13.3	25.8	38.5	48.0	56.0
道で会ったら会釈をする程度の人がいる	48.9	29.3	40.0	55.3	59.8	61.7
地域のイベントやチャリティーには積極的に参加している	3.3	0.7	2.3	3.5	3.2	7.3
自治会や地域住民のサークルなど地域活動に参加している	8.3	2.0	4.3	6.3	11.8	17.9

資料：カルチャースタディーズ研究所「東京圏調査」2011年

下町と郊外で交流の中身が違う

表4−7　たまに家に招いて（招かれて）お茶を飲んだりする人がいる（上位10ブロック）

（%）

常磐線	23.1
東急田園都市線沿線	18.4
西武線	17.1
さいたま市	15.2
千葉湾岸	14.3
川越以西	14.3
湘南	14.3
京王線・小田急線の都内郊外	13.9
東武スカイツリーライン沿線	13.8
城南4区	13.0

表4−6　たまに居酒屋などで一緒に酒を飲んだりする人がいる（上位10ブロック）

（%）

下町3区	23.4
房総	17.2
西武線	16.6
川越以西	14.7
相模原以西	14.6
湘南	14.3
城南4区	14.2
埼玉南部	14.0
城北3区	13.9
千葉ニュータウン方面	13.8

資料：カルチャースタディーズ研究所「東京圏調査」2011年

いる」割合が高いのは「下町３区」だが（表４‐６）、「たまに家に招いて（招かれて）お茶を飲んだりする人がいる」割合が高いのは「東急田園都市線沿線」「さいたま市」「千葉湾岸」「京王線・小田急線の都内郊外」など、郊外の新興住宅地がベスト10に入る（表４‐７）。新興住宅地ではお茶まで、居酒屋で一杯となると下町的な地域、ということらしい。

数字は小さいが、「地域のイベントやチャリティーには積極的に参加している」人は、「千葉湾岸」「さいたま市」「東急田園都市線沿線」などの郊外でも多く（表４‐８）、町内会型の活動よりも、イベント型、チャリティーなどのほうが新興住宅地住民としては参加しやすいのであろう。

また、今後は住民同士の交流に参加しようと思うかと聞いたところ、「思う」「少し思う」の合計が多いのは、「千葉市」「柏・松戸方面」「川越以西」「房総」「千葉ニュータウン方面」「京王線・小田急線の都内郊外」「西武線」「横浜西部」「湘南」「高崎線沿線」などとなっており、すでに「交流している」場合と同様、千葉県内のブロックと「川越以西」で多いが、東京や神奈川でも交流参加の希望を持つ人が多いことがわかる（表4－9）。

都心部よりも郊外のほうが地域との関係が良い

また、「あなたと地域の方々との関係は良いですか」という質問では、「大変良い」は3・7％だけだが、「まあ良い」が45・6％、「どちらとも言えない」が37・5％であり、全体としては地域との関係はぼんやりしている（表4－10）。

男女別、年齢別では、交流への参加の場合と同じように、男性よりは女性のほうで関係が良く、年齢が上がるほど関係が良くなる。

居住ブロック別では、「千葉ニュータウン方面」「高崎線沿線」「千葉市」「房総」「川越以西」「柏・松戸方面」「横浜西部」「西武線」「中央線多摩」などで「良い」「まあ良い」の合計が50％以上と高くなっており、郊外における地域住民同士の人間関係はおおむね良好のようである（表4－11）。

千葉、埼玉で地域交流志向

表4−9　居住ブロック別　今後は住民同士の交流に参加しようと思う

（%）

千葉市	48.8
柏・松戸方面	48.7
川越以西	48.2
房総	47.1
千葉ニュータウン方面	46.3
京王線・小田急線都内郊外	45.8
西武線	45.4
横浜西部	44.7
湘南	44.5
高崎線沿線	44.4
城南4区	44.3
埼玉南部	43.7
千葉湾岸	42.3
中央線多摩	41.4
東急田園都市線沿線	40.8
つくばエクスプレス沿線	39.5
さいたま市	39.3
相模原以西	39.3
都心3区	39.0
横浜東部・京急線	38.8
下町3区	38.7
湾岸2区	37.9
中央線近郊	37.3
東武スカイツリーライン沿線	37.2
新下町2区	37.0
南武線	36.9
城北3区	36.8
常磐線	36.5
副都心など4区	34.6

資料：カルチャースタディーズ研究所「東京圏調査」2011年

表4−8　現在、地域のイベントやチャリティーには積極的に参加している（上位10ブロック）

（%）

房総	7.6
常磐線	5.8
川越以西	5.4
千葉湾岸	5.0
さいたま市	4.9
下町3区	4.5
東急田園都市線沿線	4.1
京王線・小田急線の都内郊外	4.0
柏・松戸方面	4.0
南武線	3.8

資料：カルチャースタディーズ研究所「東京圏調査」2011年

ただし、「東急田園都市線沿線」は郊外でありながらランキング下位である。「副都心など4区」「都心3区」「湾岸2区」といった都心周辺も低いのは納得がいく。これらの地域では、マンションが多いこと、女性も仕事をしているケースが多いこと、比較的エリート階級が多いことなどから、住民同士の交流が難しいのであろう。

エリートの多そうな地域ほど関係は良くない

表4−11　居住ブロック別　地域の人々との関係は良い

(%)

千葉ニュータウン方面	56.9
高崎線沿線	56.5
千葉市	56.5
房総	55.4
川越以西	54.5
柏・松戸方面	54.2
横浜西部	52.9
西武線	52.7
中央線多摩	51.6
湘南	51.1
常磐線	50.0
新下町2区	49.6
埼玉南部	49.3
さいたま市	48.8
東武スカイツリーライン沿線	48.7
相模原以西	48.6
城南4区	48.4
横浜東部・京急線	48.4
中央線近郊	47.9
千葉湾岸	47.7
南武線	47.5
城北3区	46.6
つくばエクスプレス沿線	46.5
下町3区	45.9
京王線・小田急線の都内郊外	44.8
東急田園都市線沿線	44.4
副都心など4区	43.5
都心3区	40.3
湾岸2区	40.1

資料:カルチャースタディーズ研究所「東京圏調査」2011年

表4−10　地域の人々との関係は良いか(全体)

(%)

大変良い	3.7
まあ良い	45.6
あまり良くない	8.4
良くない	4.7
どちらとも言えない	37.5

(%)

男性					
全体	20〜29歳	30〜39歳	40〜49歳	50〜59歳	60〜69歳
46.1	31.5	34.7	45.5	52.5	66.2

女性					
全体	20〜29歳	30〜39歳	40〜49歳	50〜59歳	60〜69歳
52.7	37.2	42.7	49.3	62.8	73.9

資料:カルチャースタディーズ研究所「東京圏調査」2011年

65歳以上になると死別が増えていく

表4−12　1都3県の年齢別・配偶関係別人口

(%)

	総数	未婚	有配偶（既婚）	死別	離別	不詳
15歳以上総数	30,843,964	9,322,436	17,160,826	2,052,093	1,277,618	1,030,991
15〜19歳	1,607,247	1,584,355	6,297	124	389	16,082
20〜24歳	1,988,237	1,791,755	107,001	672	6,115	82,694
25〜29歳	2,293,936	1,535,322	607,394	936	24,286	125,998
30〜34歳	2,596,403	1,111,057	1,316,097	2,057	55,996	111,196
35〜39歳（団塊ジュニア）	3,059,818	961,781	1,873,518	5,673	111,133	107,713
40〜44歳	2,770,158	685,425	1,843,048	11,147	139,898	90,640
45〜49歳	2,375,128	465,201	1,671,954	19,763	145,155	73,055
50〜54歳	2,030,413	305,818	1,502,248	33,774	134,353	54,220
55〜59歳	2,216,652	273,110	1,665,415	70,154	150,175	57,798
60〜64歳（団塊世代）	2,659,258	252,079	2,010,602	148,757	183,259	64,561
65〜69歳	2,267,139	147,844	1,697,843	228,466	136,384	56,602
70〜74歳	1,834,007	88,275	1,302,425	303,618	89,444	50,245
75〜79歳	1,423,254	59,548	891,130	372,430	53,551	46,595
80〜84歳	938,720	37,857	462,203	371,360	28,605	38,695
85〜89歳	503,592	16,635	160,546	283,204	13,410	29,797
90〜94歳	210,304	4,959	37,048	146,245	4,347	17,705
95〜99歳	60,858	1,215	5,718	46,650	996	6,279
100歳以上	8,840	200	339	7,063	122	1,116

資料：総務省「国勢調査」（2010年）

定年後の団塊世代

以上見てきたように、東京圏の人々の、居住地域での人付き合いのあり方は、やや薄めで、ゆるやかであるが、居住ブロック別に見ると、千葉県、埼玉県では比較的住民同士の付き合いが盛んであり、今後もさらに盛んになりそうである。

ただし、男女別に見ると、男性の地域参加が遅れているので、高齢化してから地域社会に知り合いがいなくて孤立化しやすいという危険がある。

戦後、日本の家族は大家族から核家族へと変化したが、その核家族が多いのが東京圏郊外の特徴である。しかし、第1章で述べたように、核家族が高齢化によって夫婦のみ、さらに高齢単身世帯へと急速に「核分裂」しつつある。だからこそ、将来的に高齢単身世帯の孤立化が心配されているのである。

そこで問題になるのが、大量の団塊世代である。1都3県に住む団塊世代（2010年の時点の60〜64歳にほぼ相当）は男女合計で266万人であり、うち201万人に配偶者がいる（表4-12）。これが今後、どんどん死別者が増えていく。

家族類型別に見ると、夫婦と子どもの世帯は46万世帯である（表4-13）。男親と子ども、女親と子どもの世帯も合計で14万世帯以上あり、夫婦と子どもの世帯と合わせると60万世帯である。それに対して、夫婦のみの世帯は38万世帯である。つまり、団塊世代においては、子どもがまだ親から独立していないケースがかなり多い。「核分裂」が予想より遅れているのである。

二世帯同居希望が増える

団塊世代を含む現在の60代は、これまでの各種調査から、子どもと同居はしないが、近く

子どもが同居している団塊世代はまだ多い

表4−13　1都3県　世帯主の年齢別・主な家族類型別に見た世帯数

（戸）

	総世帯数	夫婦のみの世帯	夫婦と子どもから成る世帯	男親と子どもから成る世帯	女親と子どもから成る世帯	夫婦と両親から成る世帯	夫婦とひとり親から成る世帯	単独世帯	三世代世帯
総数	15,562,143	2,935,425	4,428,826	199,708	1,043,762	30,164	119,292	5,784,349	600,907
20〜24歳	617,950	12,115	17,570	422	6,008	15	129	550,841	676
25〜29歳	987,436	109,602	118,262	1,405	20,305	118	615	682,074	3,437
30〜34歳	1,198,150	195,787	353,633	3,080	41,329	350	1,738	551,537	11,495
35〜39歳	1,475,930（団塊ジュニア）	199,248	601,432	7,348	84,986	744	3,507	519,775	28,638
40〜44歳	1,432,129	162,004	632,590	12,004	117,880	978	4,847	431,609	45,373
45〜49歳	1,299,307	133,424	569,605	16,799	130,906	1,201	6,441	355,685	63,335
50〜54歳	1,133,905	121,100	479,418	19,320	118,024	1,808	9,714	288,356	75,348
55〜59歳	1,257,762	199,386	457,834	23,099	111,047	3,351	19,209	331,741	85,173
60〜64歳	1,535,384（団塊世代）	380,630	456,085	27,532	113,766	4,541	30,703	399,567	86,633
65〜69歳	1,338,451	445,004	319,175	24,293	86,648	3,671	20,837	350,284	59,189
70〜74歳	1,113,917	410,670	214,852	21,319	71,503	3,421	9,425	312,482	47,654
75〜79歳	876,569	314,529	128,424	18,084	59,713	3,390	4,172	288,892	41,056
80〜84歳	553,997	173,541	56,517	13,160	42,386	3,437	3,207	217,704	31,124
85歳以上	346,336	78,114	22,973	11,807	38,587	3,139	4,746	156,931	21,753

資料：総務省「国勢調査」（2010年）

60代の1割近くが二世帯同居希望

表4−14　将来子どもが近くに住むことを希望するか（60代）

（%）

	男性	女性
希望する	16.7	22.0
やや希望する	22.0	28.1
どちらでもよい	32.8	28.1
特に希望しない	23.3	15.5
わからない	5.3	6.3

表4−15　上の質問で「希望する」「やや希望する」の人は将来子どもがどれくらいの近さで住むのがいいか（60代）

（%）

	男性	女性
自分の家に子どもも住む	25.1	16.1
自分の家と同じ敷地の別の家に子どもが住む	5.5	9.4
自分の家と同じ町内に子どもが住む	14.2	13.9
自分の家と同じ市区町村内に子どもが住む	27.9	27.4
自分の家と同じ沿線に子どもが住む	12.6	17.0
自分の家と同じ都県内に子どもが住む	11.5	7.6
子どもの家または子どもの家の近くに自分が引っ越す	1.1	5.8
その他	2.2	2.7

資料：カルチャースタディーズ研究所「東京圏調査」2011年

に住んでほしいという気持ちが強い傾向があることがわかっている。

今回の調査では、20歳以上の子どもを持つ60代では、男性の38・7％、女性の50・1％で子どもが近くに住むことを希望していた（表4‐14）。

また、子どもが将来自分の家の近くに住むことを「希望する」「やや希望する」と回答した60代に、具体的にどれくらいの近さで住みたいかを聞いたところ、男女とも「自分の家と同じ市区町村内に子どもが住む」が27〜28％台で多く、男性は「自分の家に子どもも住む」（いわゆる二世帯同居）が25・1％、女性は16・1％だった（表

4-15)。子どもが近くに住むのを希望する男性は38・7%だったから、単純計算では38・7%×25・1%＝9・7%となり、全体の約1割が二世帯同居希望と言える。女性は50・1%×16・1%＝8・1%である。

先ほど見た国勢調査では、1都3県の団塊世代を世帯主とする三世代同居家族は8万7000世帯であり、全世帯数の5・6%である。だから、あともう少し二世帯住居が増える可能性があると言える。

実際、3・11の震災以来、二世帯同居を希望する人が増えているのだという。

第1の理由は、母親（娘世代）が出産後も働くことが増えたために、祖父母が近くにいれば子どもの世話をしてもらえるというメリットがあることである。

3・11の震災時、母親が帰宅難民になって保育園に迎えに行けなくなった。そういう災害時に祖父母が近くに住んでいれば、母親に代わって迎えに行ける。もちろん、同居したほうがより安心である。

第2の理由は、子ども世代の収入の伸び悩みであろう。自分たち夫婦だけでまた新しい家を買うことが難しくなっているし、仮に買えたとしても、第1章で述べたように、その家に将来的に資産価値があるとは限らないからである。親の家があるなら、それを活用したほうが合理的である。

第3の理由は、第1章で述べた未婚の親元暮らしの増加。子どもの独立を契機に、庭付き一戸建ての住宅を売り払って駅近くの小振りなマンションに引っ越す老夫婦も少なくないが、子どもが同居し続けていると、そう簡単に家を売れない。家族の思い出が詰まっているから、という理由もあるが、そもそも子どもが出て行かないのである。

今から10年ほど前、家族社会学者の山田昌弘氏の講演を聴いたとき、氏は、団塊ジュニアが30歳になっても家から出て行かないので、親としては古くなったマイホームをリフォームしたいのだが、子どもがまだいるのでリフォームがままならず、結果として、家がどんどん汚くなるという話をされていた。

それから10年。40歳になっても家から出て行かない団塊ジュニアも多いのだが、親としては「もうウチの子どもは結婚しないようだ。こうなったら一生親元にいろ」と思い始める。結果、めでたくマイホームのリフォームなり、建て替えなりに着手することができるようになった。この家で子どもが死ぬまで暮らせるように、震災に備えた補強なり建て替えなりをしっかりするというニーズが、団塊世代に生まれているらしいのである。

もちろん、40歳を過ぎても子どもは結婚するかもしれないので、そうしたら一緒に住み続けられるように二世帯住宅に建て替える。有名メーカーの二世帯住宅なら60年はもつというから、孫の代まで安心だと考えるらしい。

子どもの出戻りもある

第４の理由が、出戻り。娘でも息子でもいいが、結婚して家を出て行ったはずの子どもが離婚して戻ってくる。場合によっては子連れで、というケースである。そんなこともあるかもしれぬと思うと、親としては元の家を売れない。

最近は二・五世帯という言い方もあるそうで、二世帯同居をしていたところに離婚した娘が子連れで戻ってくるようなケースを指す。出戻ってきたのだから、また結婚して出て行く可能性はあまりない。

そうすると、親としてはむしろマイホームのリフォームや建て替えを決断しやすくなる。そのため二世帯住宅、いや二・五世帯住宅のニーズが拡大するのだそうだ。

余談だが、そうなると表札はどうなるか。二世帯同居で娘の家にお婿さんが同居、つまりマスオさんの場合、表札は２枚出る。三浦と佐藤とか、である。最近は夫婦別姓も流行っているから、息子の家にお嫁さんが同居した場合も表札が２枚必要かもしれない。そこに娘が出戻ってくる。しかし正式な離婚はしていない。となると、娘は別れた夫の姓のまま表札を出すだろう。三浦と佐藤と鈴木みたいに表札が3枚いる。さらに将来は、別姓の夫婦の子どもがまた別姓などということも起こりうるから、そうなると表札はますますたくさんになるだろう。

行政にとっても二世帯同居はうれしい

冗談はともかく、行政にとっても二世帯同居が増えることは好ましい。なぜなら、若い人たちが抜けていって住民が高齢者ばかりになると、行政としては福祉関連の支出が増えるばかりだからである。20～40代くらいの世代が住み続ければ、住民税が入るし、住民がたくさんいれば小売業、サービス業の店舗も立地するので、事業所税も入る。最終章で述べるように、住民参加型の街づくりも進めやすい。そうすれば福祉関連予算も削減できるかもしれない。だから、行政としては二世帯同居であれ近居であれ、子ども世代に住み続けてほしい、あるいは出戻りであれ何であれ、外から人口が転入してきてほしいのである。

先に見た調査結果のように、60代の男性は約4割、女性は約5割で、子どもが自分たちの近くに住むことを希望している。そのうち男性の25%、女性の16%が二世帯同居を希望している他、「自分の家と同じ敷地の別の家に子どもが住む」「自分の家と同じ町内に子どもが住む」「自分の家と同じ市区町村内に子どもが住む」を合計するとほぼ5割近い。つまり大半の60代は、子どもが自分と同じ市区町村のどこかに住むことを期待しているのである。

それが実現すれば、親にとっても行政にとっても都合がよい。そして、特に子育て期の女性にとっても、親が近くに住んでいるのはやはり都合がよい。そう考えると、必然的に今後は団塊世代とその子ども世代を中心として、郊外における「ゆるやかな大家族」とも言うべき暮らし方が主流になるのではないだろうか。

多様な人々が住む郊外

とはいえ、本当に子ども世代が孫と一緒に親元に、あるいは親と同じ町内に住むには条件がある。小中学校が廃校になっていないことである。廃校になっていると、別の学区に住むことになる。

その場合、父母の住む地域は最終的には誰も住まない地域（ゴーストタウン）になる可能性が高い。今住んでいる地域の目と鼻の先にあるにもかかわらず、自分が育った地域がゴーストタウンになっていくのを見ながら暮らすのは、ちょっとつらいものがある。

もし、これから新たにそこに引っ越してくる人がいるとしたら、小中学生のいない人たちということになる。すでに子どもが大きくなった家族、子どものいない夫婦、あるいは単身者である。

子どものいない夫婦や単身者は、郊外ではなく、もっと都心に近い地域に住みそうなものだ。しかし、これはまだ統計的に実証していないが、最近郊外のニュータウン（今はオールドタウン化しているが）に、60代の単身女性が引っ越してきているという噂を耳にしたことがある。

たしかに、未婚であれ離別であれ、今後は単身の中高年女性が増える。その女性が都心暮らしにも飽きて、定年後などに郊外に引っ越してくる可能性は、ないではない。郊外のほうが物価が安いから、年金暮らしをするには都合がよいということも考えられる。そしてやはり、郊外のほうが自然豊かである。都会で毎日グルメやコンサートを楽しみたいわけでもなく、むしろ、毎日愛犬と自然の中を散歩したいと思うなら、郊外の住宅地に引っ越すという選択肢はありうる。

そういう意味でも郊外は、これまでのように子育て期の30～40代の核家族だけが住む地域ではなくなり、定年後の60代独身女性やら、40代の未婚男性やら、いろいろな人々が一緒に住む場所になっていく可能性があるかもしれない。

だが、このように多様な人々がオールドタウンに人が住むようにならない場合はどうなるのか。やはりゴーストタウンになっていくしかないのか。その打開策については以下の章で述べる。

第5章　どういう郊外が生き延びるか？

郊外で働く時代

第2章で見たように、郊外といってもどこも同じではなく、それぞれ個性がある。東急田園都市線沿線は、高級、おしゃれであることが、さいたま市は利便性が評価されている。

そこで本章では、郊外の個性の違いをもっと突っ込んで考えてみたい。その際、私の「第四の消費」の考え方に基づきながら、住む場所としてだけでなく働く場所として郊外がどう考えられているかについて、つまり第2章でも述べた「郊外の都市化」という観点から考えることにしたい。

念のために言えば、本書で提言する「都市化」とは、きらびやかな百貨店ができることでも、高級ブランドの路面店ができることでもない。超高層のオフィスビルができることでも、タワーマンションができることでもない。最も重要なのは、働く場所ができることである。「埼玉都民」「千葉都民」などの言葉があるように、都心に働きに出ている人から見れば、郊外は単に寝るための場（ベッドタウン）であり、専業主婦にとっては、日常の買い物をする場、あるいはレジャーの場であり、つまりは消費の場に過ぎなかった。

必然的に、郊外では男女の役割分担が促進される。住まいが都心から遠いため、夫婦が同じように正社員でフルタイムで働くことが難しくなる。働いてお金を稼いでくるのは主として男性の役割となり、女性は家で家事と育児を担当することになる。「職住の分離」という「空間の分離」が「夫婦の役割の分離」につながるのである。都市構造が家族構造を規定するのである。女性が結婚、出産後も働くことに都市構造が対応していなかったから、未婚化、少子化が進んだと言ってもよい。この点については拙著『「豊かな社会」のゆくえ』（1992年）、『「家族」と「幸福」の戦後史』（1999年）を参照していただきたい。

自治体が若い人を奪い合う時代

しかし、これからの時代は、郊外も働く場所になっていくし、なっていくことがより強く求められていくと思われる。なぜなら、今後は女性が結婚・出産後も働くケースが増えていくからであり、また、男性の所得が伸び悩んでいるため、ますます女性が働くケースが増えると予測されるからだ。

子育てしながら都心まで働きに出るのは大変である。もちろん未婚女性でも、満員電車で毎日通勤するのは男性よりもさらに苦痛であろう。だから女性たちは、住まいの近くに職場が欲しい、あるいは自宅にいながらにして仕事がしたいと思うだろう。そういうニーズに郊外が対応していかなくてはならなくなるだろう。

もし郊外が、女性が働くことに対応しなければ、女性は（そして夫も子どもも）都心に出て行くだろう。あるいは、別の郊外地域がそれに対応すれば、彼らはその地域に引っ越して行く。若い世代がいなくなれば、高齢者だけの地域になる。高齢者ばかりの自治体は税収が減り、福祉予算ばかりが増えて、いずれ財政破綻するであろう。そういう意味では、これからの時代は、自治体が若い世代を奪い合う時代になるはずだ。

ノマドワークの時代

また男性も、これからは仕事と家事、育児の両立を求められる。まだ数は少ないが、育児休業を取る人も次第に増えていく。そうなると、女性と同様、自宅の近くや自宅の中で仕事をしたいというニーズが増えるだろう。

もちろん、子どものいない男性だって通勤時間は短いほうがよい。だから、収入が高ければ都心に引越すが、そうでない人は郊外に職場があることを求めるだろう。

実際近年、急速にノマドワークが注目されている。ノマドとは「遊牧民」の意味。ノマドワークとは、オフィスなど一定の場所でずっと仕事をするのではなく、街中のカフェでも図書館でも、あるいは海外でも、どこでも好きな場所で、好きな時間に働く働き方である。街中でどこでもインターネットがつながるようになったために、こうした働き方が可能になった。そうなると、どうして毎日満員電車に揺られて都心のオフィスまで通勤しなくてはならないのかと思う人が増えて当然である。報告書をまとめる日には自宅の個室にこもったほうが能率が上がると考える人も多いだろう。

特に団塊ジュニア以降の若い世代では、職住近接、自宅で働くＳＯＨＯ《ソーホー》（スモールオフィス・ホームオフィス）、あるいはノマドワークのような新しい働き方を好む人が増えている。自宅が郊外の住宅地にあるとしたら、立川、大宮、千葉などの郊外の拠点にいろいろな人が共同利用できるシェアオフィスがあれば便利だと考える人がどんどん増えている。そうした

郊外で働きたい人は多い

表5—1　【A】「郊外のサテライトオフィスや自宅などで勤務ができるようにする」か【B】「もっと多くの人が都心に住めるようにして、自宅と会社を近づける」か

(%)

	さいたま市	千葉市	東急田園都市線沿線	埼玉南部	柏・松戸方面	千葉湾岸	横浜東部・京急線	南武線	中央線多摩	千葉ニュータウン方面	つくばエクスプレス沿線
【A】に近い	15.2	15.9	10.7	12.2	16.2	14.7	15.2	16.9	11.3	8.8	25.6
やや【A】に近い	31.1	31.8	36.7	30.1	28.5	31.7	34.0	31.9	33.6	36.9	41.9
どちらとも言えない	47.5	45.3	44.4	46.3	45.1	45.0	43.9	42.5	44.5	45.0	25.6
やや【B】に近い	4.5	5.9	6.6	7.4	9.7	6.7	5.7	4.4	8.2	8.1	7.0
【B】に近い	1.6	1.2	1.5	3.9	0.4	2.0	1.2	4.4	2.3	1.3	0.0

資料:カルチャースタディーズ研究所「東京圏調査」2011年

変化に対応した住宅地、地域をつくっていかなければ、地域全体が衰退することは間違いない。

職住近接へのニーズは大きい

そうした観点から、今回のカルチャースタディーズ研究所の調査では「あなたは、これからの東京はどうあるべきだと思いますか。あなたの考えに近いものをお選びください」という質問を用意した。

まず、「郊外のサテライトオフィスや自宅などで勤務ができるようにする」か「もっと多くの人が都心に住めるようにして、自宅と会社を近づける」かをたずねた結果を、主要な郊外の居住ブロック

住まいの近くで働きたい

表5−2　【A】「もっと職住を近接させる」か【B】「もっと職住を分離する」か

（%）

	さいたま市	千葉市	東急田園都市線沿線	埼玉南部	柏・松戸方面	千葉湾岸	横浜東部・京急線	南武線	中央線多摩	千葉ニュータウン方面	つくばエクスプレス沿線
【A】に近い	20.9	18.2	14.3	15.3	18.8	16.7	17.3	17.5	23.4	13.1	18.6
やや【A】に近い	32.0	33.5	35.2	38.9	33.6	31.7	32.8	35.6	34.4	35.6	41.9
どちらとも言えない	42.6	42.9	44.4	40.6	42.6	47.3	45.4	41.9	40.2	45.0	34.9
やや【B】に近い	3.7	4.7	4.6	4.4	4.3	3.3	3.0	3.1	1.6	4.4	4.7
【B】に近い	0.8	0.6	1.5	0.9	0.7	1.0	1.5	1.9	0.4	1.9	0.0

資料：カルチャースタディーズ研究所「東京圏調査」2011年

で比較してみよう（表5－1）。

すると、「郊外のサテライトオフィスや自宅」は「つくばエクスプレス沿線」でダントツ、以下「さいたま市」「千葉市」「柏・松戸方面」「横浜東部・京急線」「南武線」でも15％以上だった。

しかし、「東急田園都市線沿線」では10・7％と少なめであり、「千葉ニュータウン方面」も8・8％しかない。これらは専業主婦が多い地域であり、夫が自宅の近くで働くということがあまり想像できないのかもしれない。

次に、「もっと職住を近接させる」か「もっと職住を分離する」か聞くと、「さいたま市」「千葉市」「柏・松戸方面」「中央

郊外に雇用が欲しい

表5−3　【A】「もっと郊外で働き口、雇用を増やす」か【B】「もっと都心で働き口、雇用を増やす」か

(%)

	さいたま市	千葉市	東急田園都市線沿線	埼玉南部	柏・松戸方面	千葉湾岸	横浜東部・京急線	南武線	中央線多摩	千葉ニュータウン方面	つくばエクスプレス沿線
【A】に近い	22.5	21.8	19.4	17.5	19.9	17.3	16.7	22.5	22.3	17.5	25.6
やや【A】に近い	38.5	38.2	43.9	40.2	39.4	41.0	40.6	31.9	39.8	45.6	32.6
どちらとも言えない	34.8	34.1	33.7	36.7	37.9	35.3	37.6	40.6	35.5	31.9	32.6
やや【B】に近い	3.3	3.5	2.6	3.1	2.5	5.0	3.6	3.8	1.2	2.5	7.0
【B】に近い	0.8	2.4	0.5	2.6	0.4	1.3	1.5	1.3	1.2	2.5	2.3

資料:カルチャースタディーズ研究所「東京圏調査」2011年

線多摩」「つくばエクスプレス沿線」で「職住近接」が多いが、やはり「東急田園都市線沿線」では14・3%、「千葉ニュータウン方面」では13・1%と少なめである（表5－2）。

また、「もっと郊外で働き口、雇用を増やす」か「もっと都心で働き口、雇用を増やす」かでも、「さいたま市」「南武線」「中央線多摩」「つくばエクスプレス沿線」では「郊外で雇用」が22%以上で多い。他方、「埼玉南部」「千葉湾岸」「横浜東部・京急線」「千葉ニュータウン方面」では17%前後で少なめである（表5－3）。

さいたま市と東急田園都市線沿線の違い

このように見てみると「さいたま市」には、郊外に雇用が増え、職場が増え、郊外に住んで郊外で働く機会が増えるよう望む人が多いと言える。それに対して、「東急田園都市線沿線」は、そういうことが増えることを望む人があまり多くない。

なぜだろうか。おそらく、「東急田園都市線沿線」に住む人は、第2章で述べたように、「東急田園都市線沿線」に住むこと自体をブランドだと思っている。住民には、一流大学を出て一流企業に勤めている人が多い。勤め先があるのは丸の内や大手町である。それらすべてがブランドなのである。あるいは、女性にとっては、雑誌に出てくるようなおしゃれな専業主婦であることも一種のブランド価値を持っている。

だから、「東急田園都市線沿線」の人々は、男性が丸の内や大手町ではなく、溝の口や三軒茶屋に勤めるのは近くていいじゃないかとは思えない。ブランド性がないからである。だから、職住近接を望む人が少ないのではないか。

「東急田園都市線沿線」と比べると、「さいたま市」は、おそらく大学、勤め先企業、住宅地などをブランドとして見る人が少ないのだろう。もっと実質的なもので街を評価する。

たとえば、さいたま市の中心・浦和駅から東京駅までは、JRで乗り換え時間込みで33分。東急田園都市線の青葉台駅から大手町駅までは急行で42分。なのに、地価は同じくらい。合理的に考えれば、浦和に住むことを選ぶ。ところが、青葉台に住むことを選ぶ人がいる。もちろん、第2章で述べたように「東急田園都市線沿線」は良好な住宅地としての評価が高い。しかも田園都市線、半蔵門線沿線には、青山、渋谷、二子玉川といったショッピングゾーンがある。だが、浦和だって環境はいい。ブランド性よりも実質を重んじ、できれば地元で働きたいと考えるような人が、「さいたま市」には多いのだろうと推測される。

第2章で見たように、コンサルタント系の人たちは「都心3区」「城南4区」から「東急田園都市線沿線」にかけての西南部の成長性を予測していたのに対して、マーケティング系の人たちは「中央線近郊」や「さいたま市」の成長性を予測する傾向があった。今見たように、「さいたま市」で、郊外に雇用が増え、職場が増え、郊外に住んで郊外で働くことが増えることを望む人が多いという事実と照らし合わせると、「さいたま市」には、マーケティング系の人たちが予測するように、これからの時代にふさわしい21世紀型の郊外の形成があるかもしれないという期待がわいてくる。

また、若い世代がブランド品を欲しがらなくなっていることと並行して、街にもブランド性を求めなくなっており、それよりも個人の自由な活動が促進されること、楽しさ、便利さ、刺激を求めている。あるいは、クリエイティブな風土を求め始めている。

第3章で見たように、若い世代は下町にも関心を向けるようになっているが、その背景にも、単なるレトロ志向ではなく、職人が住んで働いている地域、職住一致の地域へのあこがれがあるとも解釈できる。

そういう時代が進んでいくと、放っておいたら、「東急田園都市線沿線」は20世紀型の郊外として固まってしまう危険性がある。だからこそ、東急電鉄としては、あとで見るように二子玉川のクリエイティブ・シティ化を進めることによって、「東急田園都市線沿線」が21世紀型の郊外に変貌させることを狙っているのである。

さいたま市は働きたい地域

今住んでいるブロックの中で働いてもみたいという人の割合を見ても、「さいたま市」では63・1％と高く、「つくばエクスプレス沿線」の69・8％に次ぐ（表5‐4）。「千葉市」も6割近いが、「東急田園都市線沿線」は45・4％。ちなみに、「柏・松戸方面」「埼玉南部」「中央線多摩」は36％前後と低い。そういう意味で、「さいたま市」と「つくばエクスプレス沿線」は先端的だ。

また、「都心3区」で働きたいと思っている人は、「柏・松戸方面」「千葉湾岸」「つくばエ

「さいたま市」などでは市内で働きたい人が多い

表5−4　郊外の主要居住ブロック別　働いてみたいブロック（主なもの）

（%）

働いてみたいブロック＼居住ブロック	全体	さいたま市	千葉市	東急田園都市線沿線	埼玉南部	柏・松戸方面	千葉湾岸	横浜東部・京急線	南武線	中央線多摩	つくばエクスプレス沿線
都心3区	25.5	20.1	21.2	19.9	26.6	30.0	36.7	16.7	18.8	12.1	30.2
副都心など4区	21.4	14.3	14.1	21.9	27.5	11.6	16.3	10.1	19.4	15.6	14.0
城南4区	12.0	6.1	6.5	15.3	10.0	5.8	11.0	9.3	20.0	6.3	7.0
中央線多摩	2.9	0.4	0.0	1.5	0.4	0.7	0.0	0.0	0.6	36.3	2.3
横浜東部・京急線	6.5	0.4	1.8	9.7	0.4	1.4	0.3	55.5	11.9	1.2	4.7
東急田園都市線沿線	3.5	0.4	0.0	45.4	0.4	0.7	0.0	5.4	11.9	0.8	0.0
南武線	2.4	0.0	0.6	8.7	0.0	0.0	0.0	3.6	45.6	2.3	0.0
さいたま市	5.4	63.1	1.8	0.0	11.8	3.2	0.7	0.6	0.0	0.4	0.0
埼玉南部	2.7	6.1	0.0	0.0	36.7	0.7	0.0	0.3	0.6	0.0	0.0
千葉市	3.2	0.0	57.1	1.5	0.0	1.4	7.7	0.0	0.0	0.4	0.0
千葉湾岸	4.1	0.0	19.4	1.0	0.9	5.1	41.3	0.0	0.6	0.8	0.0
柏・松戸方面	2.3	0.0	1.8	0.5	0.0	34.7	1.7	0.3	0.0	0.0	4.7
つくばエクスプレス沿線	1.5	0.0	0.0	0.0	0.9	6.9	0.3	0.3	0.0	0.4	69.8

資料：カルチャースタディーズ研究所「東京圏調査」2011年

クスプレス沿線」で多い。「副都心など４区」で働いてみたいと思っている人は「埼玉南部」「東急田園都市線沿線」で多い。「城南４区」で働いてみたい人は「東急田園都市線沿線」「南武線」で多いという結果である。当然ながら、自分の住んでいる地域から近いところで働きたいのである。

ところが、「さいたま市」に住んでいる人には、「都心３区」で働きたい人も「副都心など４区」で働きたい人もあまり多くない。「さいたま市」に住んでいる人々は、多くが「さいたま市」内で働きたいと考えているのである。

そもそも「働いてみたいブロック」のランキングでは、1位は「都心3区」で25・5％、2位は「副都心など4区」で21・4％だが、「都心3区」「副都心など4区」が2割台だというのは、けっこう少なく思える。そして、3位は「東京圏以外でしか働きたくない」で14・6％なのである。

次いで、「城南4区」12％、「横浜東部・京急線」6・5％、「さいたま市」5・4％。「東急田園都市線沿線」や「千葉市」は3％台だから、「さいたま市」は郊外の中では働いてみたいブロックとして人気が高めだと言える。

また、男性が現在働いているブロック別に、今後働いてみたいブロックを見てみる（表5-5）。

「都心3区」で働いてみたい人は、すでに「都心3区」で働いている人のうち66・9％。「城南4区」「下町3区」「新下町2区」「湾岸2区」では30％台、「副都心など4区」「中央線近郊」「城北3区」「埼玉南部」「千葉湾岸」「常磐線」では20％台である。都心3区で働いてみたい人は東西両方の地域にたくさん存在するのである。

同じような見方で、「さいたま市」で働いてみたい人の割合を見ると、すでに「さいたま

「さいたま市」で働きたい人は多い

表5−5　働いているブロック別　働いてみたいブロック（男性、主なもの）

（%）

働いてみたいブロック ＼ 働いているブロック	都心3区	横浜東部・京急線	東急田園都市線沿線	さいたま市	千葉市
都心3区	66.9	3.9	1.7	2.5	1.2
副都心など4区	27.0	3.7	2.6	3.0	2.2
城南4区	38.8	5.4	1.4	3.4	0.7
中央線近郊	23.5	1.5	0.0	4.4	0.0
城北3区	23.1	0.0	0.0	9.2	1.5
下町3区	33.3	1.7	1.7	1.7	0.0
新下町2区	30.3	0.0	0.0	0.0	0.0
湾岸2区	34.4	1.1	1.1	2.2	2.2
横浜東部・京急線	6.7	52.6	6.7	3.0	0.7
横浜西部	7.5	39.6	11.3	0.0	0.0
東急田園都市線沿線	13.0	20.4	29.6	0.0	0.0
南武線	19.4	16.7	11.1	1.4	0.0
さいたま市	16.2	1.4	0.0	64.9	1.4
高崎線沿線	3.3	3.3	3.3	30.0	0.0
埼玉南部	22.4	2.0	2.0	12.2	0.0
東武スカイツリーライン沿線	10.0	0.0	0.0	20.0	0.0
千葉市	16.0	2.0	0.0	4.0	52.0
房総	9.8	2.0	0.0	2.0	17.6
千葉ニュータウン方面	15.0	0.0	0.0	2.5	15.0

資料：カルチャースタディーズ研究所「東京圏調査」2011年

市」で働いている人の64・9％が、「さいたま市」で働いてみたいと答えている。

隣接する「高崎線沿線」で働いている人で「さいたま市」で働いてみたい人は30％、「東武スカイツリーライン沿線」で働いている人では20％である。「さいたま市」は隣接する地域から見ると、働いてみたい地域なのである。

東急田園都市線沿線はどうか。「東急田園都市線沿線」ですでに働いている人で、「東急田園都市線沿線」で働きたい人は29・６％。隣接する「横浜西部」「南武線」で働いている人で「東急田園都市線沿線」で働いてみたい人は11％台、ちなみに「相模原以西」で働いている人では４％のみであった。つまり、「東急田園都市線沿線」は働いてみたい地域とは言えないのである。やはり、あくまで住んでみたい地域なのであろう。

また、「千葉市」ですでに働いている人で、「千葉市」で働きたい人は52％。「房総」で働いている人で「千葉市」で働きたい人は17・６％、「千葉ニュータウン方面」で働いている人で「千葉市」で働きたい人は15％である、「さいたま市」ほどではないが、「千葉市」は隣接する地域で働いている人から、働いてみたい地域としてある程度意識されている。

このように、「さいたま市」は「東急田園都市線沿線」などと比べると、郊外の市としては、単に住む地域としてだけではなく、働く地域として認識されている。言い換えれば、より広い範囲の埼玉県全体の中で、中核となる地域として見られているということである。

二子玉川の新しい動き

これまで見てきたように、「さいたま市」は住む場所としてだけでなく働く場所としても意識されており、その意味で今後の発展に期待ができる。

一方、「東急田園都市線沿線」は住む場所としては人気があり、高級でおしゃれなイメージを持っているが、働く場所としてはあまり考えられていない。

だが、住む場所としての魅力だけだと、今後の人口減少社会においては、住民がどんどん減っていき、地域としての力も低下していく危険性がある。だから、働く場所、遊ぶ場所、娯楽の場所、散歩に行く場所、知的な交流の場所、文化を発信する場所などなど、様々な都市的な機能を郊外でも発展させていく必要がある。

そこで東急電鉄では、世田谷区二子玉川の再開発を進め、オフィスビルを建て、かつそこにシェアオフィスのフロアをつくっている。玉川高島屋ショッピングセンターがあり、買い物をする街としては、おしゃれでブランド性のある街になった二子玉川だが、そのブランド性を踏まえて、オフィス街としても発展させていこうというのだ。

先ほどのデータでも、「東急田園都市線沿線」住民は世田谷を含む「城南4区」で働いてみたいという人が少なくないから、二子玉川にオフィス街ができることは望ましい。

オフィスビルには、大手アパレルメーカーであるサンエー・インターナショナルが入居した。若い女性に人気のあるブランドを多数展開する有名な上場企業であり、かつ二子玉川らしいファッション性もある企業である。サンエー自体の顧客が二子玉川など田園都市線に多いので、二子玉川に本社があることがマーケティング的にも意味を持つ。

シェアオフィスのほうは、シェアオフィスづくりのパイオニアである co-lab《コーラボ》によって運営される「co-lab 二子玉川」が入居しており、デザイナー、コピーライター、コンサルタント、エンジニアなど、多様な職種の人々十数名がオフィスを置いている。

かつ、この co-lab 二子玉川は、「新しい働き方／暮らし方」を発信しながら既存組織の枠組みを超え交流する集合体を目指す「クリエイティブ・シティ・コンソーシアム」の活動拠点である「カタリストＢＡ《ば》」の一部に入居している。

クリエイティブ・シティ・コンソーシアムとは、「飽和する国内需要、新興国の台頭」「産業の空洞化、高齢化社会の進行、労働人口減少」といった時代変化の中で「高付加価値を生む知識集約型」の「クリエイティブ産業」の重要性が増大すると考え、「芸術・文化に限らず、ハイテク産業や研究開発も含め」た「日本の創造的産業」を「国際競争力のある創造的産業」として育成することを目指した、官民と学識経験者からなる組織である。会長は元東大総長で、三菱総合研究所理事長の小宮山宏氏。

カタリストＢＡは、「50社ほどの会員企業をはじめ、クリエイターや起業家などが集い、グループワークやワークショップ、セミナー、イベントなどで創造プロセスを支援し協働する空間と仕組みを提供」し、その「一角に co-lab が存在することで、クリエイターとクライアントが同じ空間・場で共存することとなり、他の co-lab ともまた異なる仕組みを持つ新発想のシェアードオフィスとな」るという。

クリエイターとクライアントが「共存するメリットとしては、事業関係者同士の意思疎通が図りやすくなり短縮された移動時間を有効活用出来ることや、普段接する機会のないような異業種が集まるのでお互いに既存の世界観から抜けた刺激を受けやすい等が挙げられ、より豊かで発展的なクライアントワークが数多く生まれていくことが」あるという（カタリストBAホームページ参照）。

有名企業、一流企業だけではない、多様な会社が一緒になって新しいビジネスを立ち上げていくために、こうしたシェアオフィスの存在理由があるのである。

こうした企業誘致や新しいオフィスづくりが今後もずっと継続されていけば、二子玉川で働くということ自体に新しいブランド性が生まれる。そうなると、東急田園都市線沿線の住民も、今よりは職住近接を望む人が増えるだろう。

「第四の消費」から見た都市

二子玉川のオフィスビルに入居しているシェアオフィス「co-lab 二子玉川」の様子

第1章で見た今後の東京圏の人口の動き、第2章で見た今後発展するブロックについての予測、第3章で見た団塊ジュニア以降の若い世代の動向、そして本章で見てきた働く場所としての郊外という観点を総合すると、これからの郊外、のみならずこれからの東京圏を予測していくうえでは、今までのような同心円的、ドーナツ状の東京の発展の図式から脱却する必要があるのではないかと思えてくる。

その際、2012年4月に上梓した拙著『第四の消費』（朝日新聞出版社）で提案した、日本の20世紀初頭以来の消費社会を4段階に分ける見方を東京圏の発展にも当てはめてみると、これからの方向性を考えるヒントになる。

消費社会の4段階とはこういうことである。

第一の消費社会は1912年から1941年までの30年間。大正元年から戦前までである。この時代は、都心に百貨店ができ、東京で言えば新宿や渋谷から鉄道が整備され、鉄道の沿線には中流階級向けの郊外住宅地が開発された。中流社会の萌芽が現れた時代だと言ってよい。

第二の消費社会は、戦後の1945年から1974年までの30年間。言うまでもなく、高度経済成長の時代であり、第一の消費社会で生まれた中流社会が大衆化した時代だ。大量生産技術の発達によって、誰もが郊外に家を買い、車を買い、家の中に家電一式をそろえることができる時代が到来した。

第三の消費社会は、第二の消費社会の特徴である大量生産による画一的な消費スタイルに飽き足らない、個性志向が強まった時代である。そのため、一家に一台あればよかったテレビやステレオが、一人一台、それぞれの個性とニーズにあった形で開発され、普及していった。

第四の消費社会は、一人一台時代も完全に飽和した時代であり、様々な物と情報があふれ

第四の消費社会では「私有」の事業仕分けが始まる

図5−1　消費社会の四段階

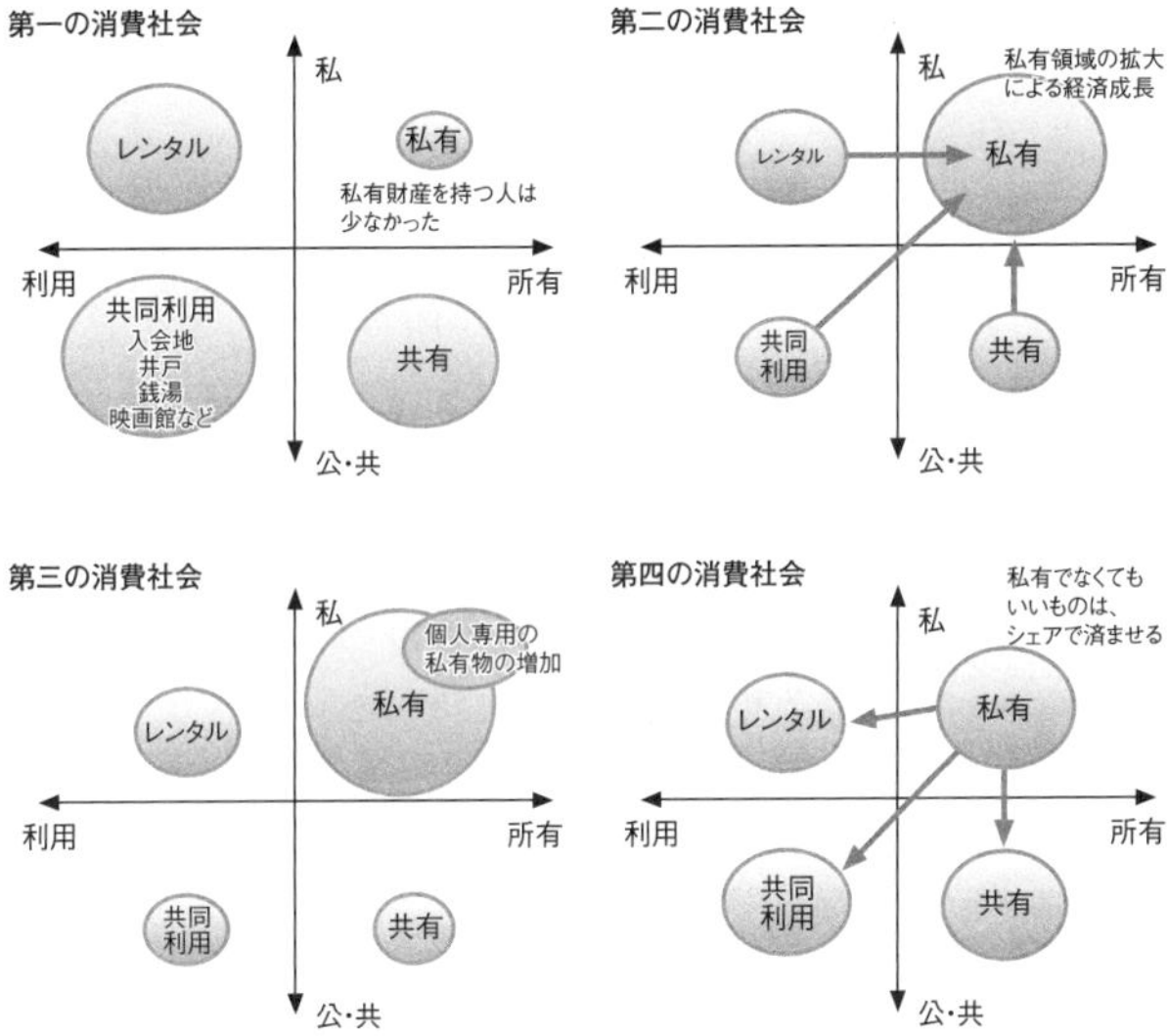

資料:三浦　展『第四の消費』より

かえっている時代である。第三の消費社会までは、物の所有／私有をよろこびとする社会であったのが、第四の消費社会では人々は物を消費することだけでは幸せを感じられなくなり、むしろ、物や場を人と共有すること、共同で利用すること、そのことで人同士がつながることをよろこびと感じる時代である。具体的には、カーシェアリングやシェアハウスなどが、第四の消費社会におけるビジネスの典型的な事例である。

　私有とは、私専用に所有することであるから、私か公（共）か、所有か利用か、という2つの軸で考えると（図5－1）、第一の消費社会から第三の消費社会までは、右上の私有の領域をどれだけ増やせるか、拡大できるかがテーマだったと言える。

しかし、第四の消費社会になると、様々な物を私有できるということはもはや当たり前すぎであるため、消費者による「消費の事業仕分け」が起こった。つまり、どうしても私有しなければならない物は私有するが、共有でいい物は共有する。レンタルでいい物はレンタルで済ます。共同利用でいい物はシェアする。このような「消費の事業仕分け」が起こっている。携帯電話は自分専用でないと困るが、家はシェアハウスでいい、車はレンタカーでいい、といったことが起こっているのである。

第一から第三の消費社会における都市

この消費社会の4段階は、都市の発展とも並行していた。第一の消費社会は、先ほど述べたように、新宿、渋谷などのターミナル駅から鉄道が整備されて、その沿線に田園調布、成城学園に代表される郊外住宅地が開発された時代であるが、それは日本全体からみればごく一部の動きである。

ほとんどの国民は小作人として農業に従事し、あるいは都市の労働者として、食べるのがやっとの暮らしをしていた。つまり、多くの国民は私有財産を持たず、左下の「共同利用」の象限で暮らしていた。中流階級ですら、若い世代はもちろんのこと、出世しないと家を買うことはなく、生涯借家暮らしをすることも珍しくなかった。

住宅街でも、井戸端に集まって洗濯をするのが普通だったし、風呂がない家庭は銭湯に行ったし、娯楽と言えばテレビではなく、みんなで映画館に行くのが一般的だった。

これが第二の消費社会になると、だれもが家電、車、住宅などを私有できるようになるが、その背景には、地方から都市圏に大量の人口流入が起きていた。都市圏に流入したのは主に若い世代であり、彼らは住み込みで働いたり下宿の狭い部屋に住んだりしていたが、そのうち結婚し、子どもができると、もっと広い家を求めて団地やニュータウンに移り住んでいったのである。こうして郊外というものが発展し、その郊外のマイホームでマイカーを買い、家電一式をそろえることが人生の目標になっていった。

第三の消費社会の時代になると、さらに郊外は拡大する。団塊世代が結婚し、子どもを産んで、郊外に引っ越していったからである。第1章で見たように、郊外の人口はふくれあがっていった。

また、地方でも郊外開発が盛んになり、中心市街や農山村部に住んでいた人々が郊外の住宅地に家を買って引っ越した。

第一の消費社会から第三の消費社会までは、地方から都市へ、都市から郊外へという動きが直線的、単線的に起こってきた。大量の人々が、比較的同じような価値観を持ち、田舎よりも都会のほうがいい暮らしができると信じ、都会は狭苦しいから郊外に家を買うのがいいと考え、同じような家に住んでも満足していた。

その変化の背景には人口の大量な移動があったため、第一、第二の消費社会では都心周辺の人口が非常に増え、第二の消費社会から第三の消費社会にかけては郊外の人口がふくれあがった。

特に1980年代になると、人口の多い団塊世代が郊外に引っ越したので、東京の都心から30〜40キロ圏にかけて、ドーナツ状に人口が増えた。先ほど見たように団塊ジュニアが幼少時代に住んでいた地域を見ると、まさに都心から等距離の一帯に彼らが住んでいたということがはっきりとわかる（54ページ図8）。つまり、人々の私有の領域を拡大するために、私有することの満足感を満たすために、郊外が拡大してきたのである。

第四の消費社会における都市、地方、郊外

大都市集中から地方分立の時代へ

図5−2　消費社会と地域の関係のイメージ

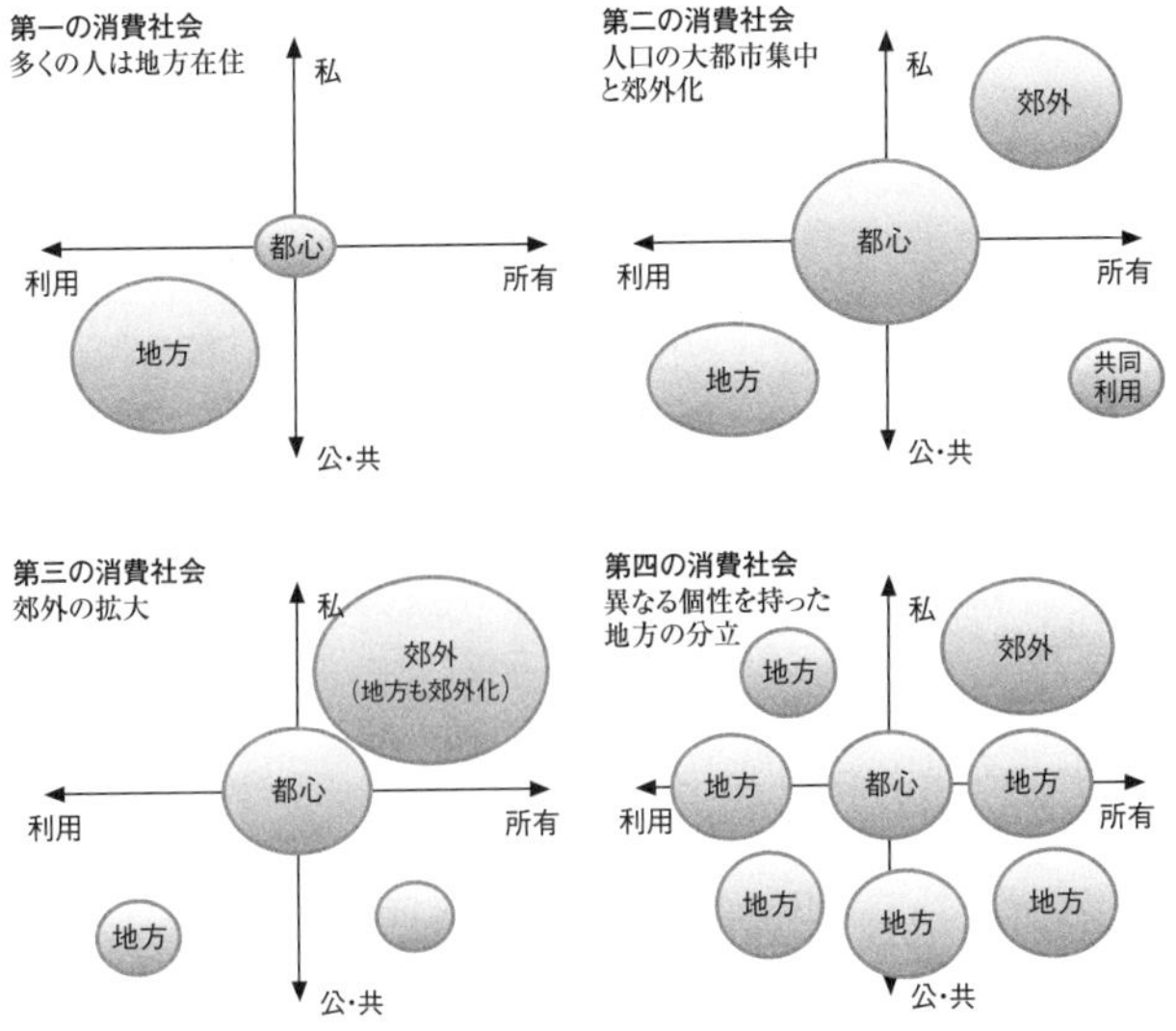

資料:三浦 展

では、これが第四の消費社会になると、どう変わるのか？　私有でなくてもいい、シェアでもいいという価値観が広がると、都市、地方、郊外のあり方も変わるのだろうか？

第四の消費社会における都市のあり方について、図5‐2はあくまでブレーンストーミングのためのたたき台であるが、これからも都心はあるし、郊外らしい郊外もあるだろうが、それとは違う様々な地方が分立する時代になるのではないかということである。

もう少し具体的に書くと、図5

自分のライフスタイルで住む地域を選ぶ時代になる

図5−3　第四の消費社会における地域のあり方のイメージ

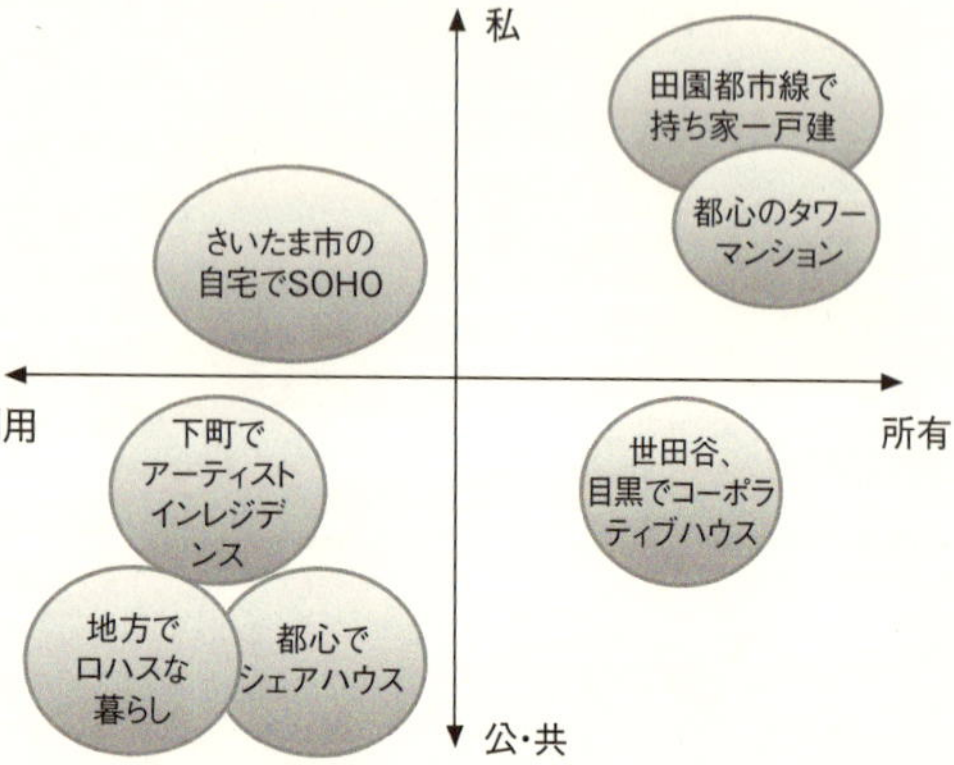

資料：三浦 展

‐3のようになる。たとえば、住宅地としてのブランド性の高い郊外住宅地である東急田園都市線沿線で持ち家一戸建てを買い、外車を買い、あるいは都心のタワーマンションを買い、ルイ・ヴィトンを買って暮らしている人がいるとしたら、座標軸では右上に位置する。

千葉ニュータウン方面はブランド住宅地ではないが、調査結果を見る限り、夫が仕事、妻が家庭という分担をした従来通りの夫婦が多いようであり、自宅近くで働くことも考えていない。そういう基本的なところでは東急田園都市線沿線と似ているので、やはり右上の象限に属する。だからこそ、一般的な団塊ジュニアがたくさん住んでいるのだろう。

世田谷区や目黒区などのブランド住宅地に家を買いたいが、ただの一戸建てやマンションはつまらないので、建築家に設計してもらったかっこいい家に住みたい、しかし普通の持ち家ではなく、コーポラティブハウスに参加して、住民同士で相談しながら自分たちの住宅を一緒につくっていくのが楽しい。そう思う人がいたら、それは右下の象限に位置する。

また、さいたま市に住んでいるが、都心の会社を辞めて自分の会社をつくり、マイホームの一室であらたに仕事を始めた人がいたとしたら、その人のライフスタイルは左上に位置する。

一方、杉並区高円寺の安いアパートを改造したシェアハウスに住んで、車も持たず、家電も住人で共同利用しているとしたら、その生活は左下の象限に位置する。墨田区向島《むこうじま》の古い長屋を借り、そこをアトリエにしつつ暮らしているアーティストも、左下の象限である。

あるいは、都会の物質主義的で、慌ただしい、お金がないと生きづらい暮らしを捨て、地方に移住し、年収が少なくても何とか暮らせる生き方を選択した場合も左下の象限である。

実際、地方の離島に移り住む若者がじわじわと増えている。

地域間のサバイバル競争

私がフェイスブックで知り合った若い女性も、福岡市で働いていたがシングルマザーとなり、出産後は限界集落の村に移住するという。海、山、川、田、畑があるというが、何とそこには5世帯9人の高齢者しか住んでいない。赤ん坊が住むのは45年ぶり。父親がいないので、地元の高齢者に子育てをお願いするという。住まいは、空き家を建築学生たちとリノベーションする。

もちろんネット環境は整備し、太陽光パネルも導入し、外部からの農業研修や里山体験なども受け入れ、つねに外部の人間で賑わう「最先端・限界集落」を実現したい、ゆくゆくは、住まいをカフェやホテルにもできる空間にしようかと考えているという。

つまり、第三の消費社会までのように、多くの人々が地方から都市部に流入し、就職し、結婚し、子どもをつくり、郊外に家を買って、ローンを払うために一生涯都心の会社に通勤し、妻は専業主婦になるというライフスタイルが、第四の消費社会においては主流ではなくなりそうだということである。

第1章で見たように、団塊ジュニア以降の若い世代のライフスタイルは、結婚して子どもをつくるか、結婚をするが子どもをつくらないか、未婚で親元暮らしか、未婚で一人暮らしかといったライフスタイルが、団塊世代に比べると非常に多様化している。だから、それぞれに適した住宅、住宅地、商業地、あるいは働く場所というものが必要なのであり、若い世代は自分たちのそれぞれのニーズに適した地域に移り住んでいくのである。そして、中途半端な地域は地域間のサバイバル競争に負けるのだ。

高級住宅地を周辺に持つ高級商業集積地域だった二子玉川が、シェアオフィスを取り込んだオフィスビルをつくったように、それぞれの地域が単に住宅地、商業地、業務地という旧来の枠組みにとらわれずに、新しい時代のニーズにあった地域をつくっていかなくてはならないのだ。

ブランド的地域と無印的地域

本書は、事実を淡々と語る本ではなく、将来を大胆に予測する本であり、また予測のためのブレーンストーミングをする素材を提供するものである。そこで、少し遊びになるが、東京圏の各ブロックをまた別の座標軸で考えてみたい。第3章では、29ブロックを高級感やおしゃれさといったブランド性を軸に見たが、実際に各ブロックを衣料品にたとえてポジショニングしてみたらどうなるだろう（図5‐4）。

「ブランド性の大小」を縦軸に、「スタイリッシュかカジュアルか」を横軸に据えると、右上にはアルマーニ、シャネル、グッチ、プラダといった高級ブランドが並ぶ。その少し左斜め下にはポール・スミスなどの、センスはいいがそれほど高額ではないブランドが位置する。

さらにその左斜め下には、プラダやポール・スミスを模倣しつつ、あくまでサラリーマンの仕事服として存在するスーツカンパニーなどの大衆向けスーツブランドが位置づけられる。対して、ブランド性が低くてカジュアルなものとしては、ユニクロがある。無印良品はややスタイリッシュであり、多少のブランド性もあるので、もう少し右上。

この座標軸に東京圏のブロックを当てはめるとどうなるか。六本木、青山などの「都心3区」はアルマーニなどと同じ位置であろう。「東急田園都市線沿線」はその左下。江東区などの「湾岸2区」や「南武線」のマンションに住むのは、さらにその左下の位置であろう。

他方、「千葉ニュータウン方面」で暮らすのは、きわめてカジュアルでブランド性は低いから、ユニクロの位置である。もちろん、もっと地方ならなおさらである。そうすると、無印良品の位置には「さいたま市」あたりがちょうど収まるのではないだろうか。

とすると、これまで何度も指摘してきたように、若い世代ほどブランド意識が弱く、ブランド品を買わないだけでなく、住む場所、働く場所にもブランド性を求めなくなるとすれば、

脱ブランド志向が地域選択にも影響する

彼らの志向するブロックは、「都心3区」や「東急田園都市線沿線」から次第に「さいたま市」あたりに変化していくのではないだろうか。

これまでは、都心にオフィス街をつくり、都心近くのブロックには住人が増えて、職住近接が進む。さらに、郊外に住宅地をつくり、職住分離をしてきた。それが今後は、郊外でありながら働く場が増え、郊外の自宅から郊外の職場に通うとか、自宅で働くというスタイルが増える。

他方、「城南4区」「中央線近郊」では、住人が増えるとともにシェアオフィスなどが増え、ノマドワーカーやその拠点も増えていくことによって、ますます職住一致の傾向が増していく。

図5―4　ブランド志向と地域の関係のイメージ

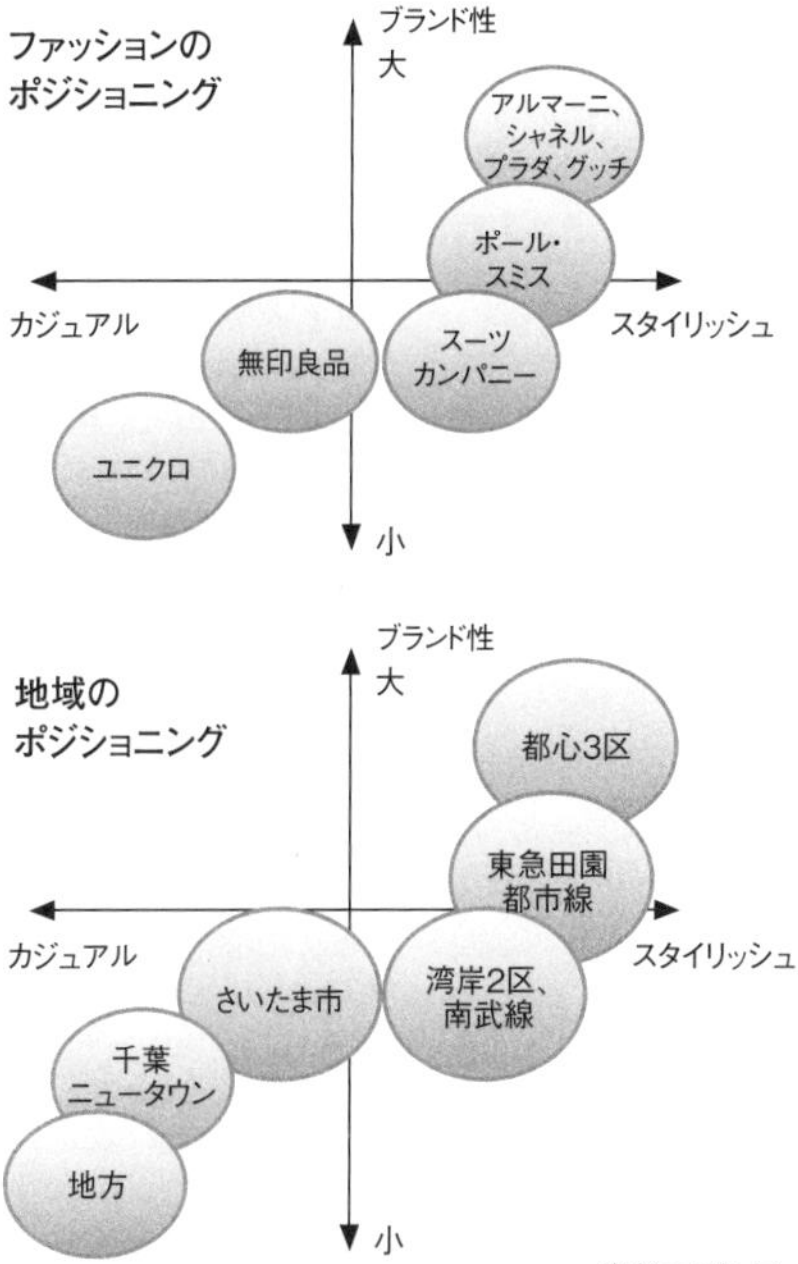

資料:三浦 展

雑誌『ＢＲＵＴＵＳ』が「あたらしい仕事と、僕らの未来。」といった特集を組んだことからもわかるように、現代は新しい「働き方」を考えようとしている時代である。正社員ではない働き方、職住分離ではない働き方、子育てをしながらの働き方、オフィスに固定されない働き方、通勤しない働き方など様々な新しい働き方が模索されている。そういう時代の変化に、郊外も、もちろん都心も対応していかなければならない。

第６章　郊外をゴールドタウンにする方法

都心は便利になったが、つまらなくなった

最近、東京の都心はつまらなくなっているのではないだろうか。それは一概に不況のせいとばかりは言えない。空間が均質になり、個性が失われているのだ。

今回のアンケートでも「都心に個性的な店や古い店が減り、同じようなチェーン店ばかりになってつまらない」という回答が22・８％、「都心がオフィスビルや高層マンションだらけになり、つまらない」という回答が20・３％ある。「都心の百貨店に元気がなくなってしまって、つまらない」も20・２％、「都心に路地が減ってしまって、つまらない」も15・１％である（表６‐１）。

「住宅地の古くて素晴らしい家がどんどん壊され、つまらない住宅などに建て替えられるのは不満だ」も13％ある。

東京の都心はつまらなくなったのだ！

一方、たしかに「都心に高級ブランド店がたくさんできたのはうれしい」や「都心にファッションや飲食の国際的なチェーン店が増えてうれしい」という回答もあるが、10％未満であり、様々な「つまらない」のおおむね半分以下である。

また「都心の駅ビル、駅の中の店だけでたいがいの物が買えるので便利だ」は19・3％、「郊外でも駅ビルなどでたいがいの物が買えるようになったので便利だ」は17・2％。「郊外でもロードサイドのショッピングセンター、ショッピングモールでたいがいの物が買えるので便利だ」が15・8％あるから、便利さは増したのは間違いないが、結局は駅ビルとロードサイド店が充実しただけのことである。

東京の都心は便利になったが、つまらなくなったのだ!!

便利になったが、つまらなくなる――。これは文明の宿命のようなものである。レトルト食品や冷凍食品は便利だが、手づくりの味に比べればつまらない。エアコンは便利だが、うちわやすだれのある暮らしに比べれば味気ない。コンビニは便利だが、八百屋や魚屋のおじ

都心は便利になったがつまらなくもなった

表6−1　最近の東京圏の動きに対する評価

(%)

	全体	20〜29歳	30〜39歳	40〜49歳	50〜59歳	60〜69歳
都心に高級ブランド店がたくさんできたのはうれしい	8.9	12.8	8.3	9.4	7.7	6.4
都心がオフィスビルや高層マンションだらけになり、つまらない	20.3	19.3	19.3	20.4	19.3	23.6
都心にファッションや飲食の国際的なチェーン店が増えてうれしい	9.8	15.3	11.3	9.4	7.2	5.5
都心に個性的な店や古い店が減り、同じようなチェーン店ばかりになってつまらない	22.8	19.0	20.9	23.0	24.2	27.1
都心に古くさい店がなくなり、新しい店がどんどんできるので楽しい	3.5	5.3	4.4	3.2	2.2	2.7
都心にマンションが増えて、住もうと思えば都心に住めるようになったのでうれしい	6.5	7.8	5.5	6.6	6.4	6.2
都心に路地が減ってしまって、つまらない	15.1	11.0	11.8	15.5	17.9	19.5
都心の百貨店に元気がなくなってしまって、つまらない	20.2	13.7	17.2	21.1	22.8	26.9
都心の駅ビル、駅の中の店だけでたいがいの物が買えるので便利だ	19.3	22.9	22.7	17.9	16.5	16.3
郊外でも駅ビルなどでたいがいの物が買えるようになったので便利だ	17.2	15.7	20.8	16.3	15.2	18.1
郊外でもロードサイドのショッピングセンター、ショッピングモールでたいがいの物が買えるので便利だ	15.8	13.0	18.3	16.6	16.3	14.9
住宅地の古くて素晴らしい家がどんどん壊され、つまらない住宅などに建て替えられるのは不満だ	13.0	10.4	10.7	12.8	13.4	15.6

資料:カルチャースタディーズ研究所「東京圏調査」2011年

さんと会話をしながら買い物をするのに比べればつまらない。そういう文明のつまらなさが都市をおおってしまった。

新しいビルにもはや魅力はない

このような旧来型の都市開発に対して、東京圏に住む人々は飽き飽きしはじめている。

「あなたは、これからの東京はどうあるべきだと思いますか。考えに近いものをお選びください」という質問で「都心に超高層のオフィスビルとマンションをもっと増やすべき」か「都心は一戸建てや古い商店街も残しながら、バランスよく開発するべき」かでも、後者に「近い」「やや近い」の合計は37・3%であり、前者に「近い」「やや近い」の合計11%よりずっと多い（表6‐2）。

同様に、「23区内に残る木造住宅が密集した地域を開発して、オフィスビルやマンションを建てるべき」か「木造住宅も残しながらバランスよく開発するべき」かでも、前者に「近い」「やや近い」の合計は16%だが、後者に「近い」「やや近い」の合計は35・4%である（表6‐3）。このように東京圏に住む人々は、何もかも新しくなり、ピカピカのビルばかりになることにもはや価値を見いだしていない。

古い街を活かした開発が求められる

表6−2　【A】「都心に超高層のオフィスビルとマンションをもっと増やすべき」か【B】「都心は一戸建てや古い商店街も残しながら、バランスよく開発するべき」か

（%）

【A】に近い	2.7
やや【A】に近い	8.3
どちらとも言えない	51.7
やや【B】に近い	26.1
【B】に近い	11.2

資料:カルチャースタディーズ研究所「東京圏調査」2011年

表6−3　【A】「23区内に残る木造住宅が密集した地域を開発して、オフィスビルやマンションを建てるべき」か【B】「木造住宅も残しながらバランスよく開発するべき」か

（%）

【A】に近い	3.5
やや【A】に近い	12.5
どちらとも言えない	48.5
やや【B】に近い	24.3
【B】に近い	11.1

資料:カルチャースタディーズ研究所「東京圏調査」2011年

前章で述べたように、第四の消費社会においては、新しいものがよい、正しい、カッコイイという価値観ではなくなる。新しいものでも、無駄なもの、意味のないものはつくってほしくない人が増えている。そんな無駄をするくらいなら、古いものをうまく利用したほうが面白いと考える人が増えているのである。まだ使える古い建物を壊して、無味乾燥でつまらないビルにしてほしくないのである。

銀座も、昔は細かい路地がたくさんあったが、再開発されてビルが増えるにつれ、路地が消えていった。あらゆる街で同様のことが起こっている。五反田も大崎も品川も、再開発によって同じようなのっぺりとした街になってしまった。

そんな開発をわれわれは求めていない。その逆である。われわれは都市の中に、毛細血管のような路地があり、その路地を歩き回ることを身体的な快感として求めているのだ。

それはまさに、第四の消費社会的な感覚である。第三の消費社会までは、近代化を推進することがよいことだと思われていたので、コルビュジエ的な人工的な都市をつくることが正しいと思われていた。まっすぐで広々とした街路が張り巡らされ、巨大なビルの中に人間の生活のすべてが吸収される、そういう都市がいいと信じられた。

しかし、単純な近代化を終えた第四の消費社会においては、人々はそんな単純なモダニズムを信じたりはしない。人々は、広くてまっすぐで単調な道路を嫌い、狭くて曲がりくねって複雑な路地を好み、自動車を嫌い、歩くことを好み、ピカピカの巨大なビルを嫌い、古くて小さな味のある建物を好むようになったのである。これは退歩ではなく、成熟である。

たとえば、東京で最も人気のある街のひとつであり、住みたい街ナンバーワンに数年連続して選ばれている吉祥寺。その魅力は何かというと、決してパルコでも東急百貨店でも、ヨドバシカメラでもマルイでもない。

もちろん、そうした店があることも魅力の一因ではある。しかし決定的に重要なのは、井の頭公園という自然の魅力と、駅北口のハーモニカ横丁（昔の闇市）である。ハーモニカ横丁は、10年以上前はさびれかけていたのだが、その後、次々と新しい店ができて、非常に活気が出てきた。

ハーモニカ横丁再生の中心人物は、株式会社ビデオインフォメーションセンター社長の手

古い闇市をリノベーションした店が人気を集めるハーモニカ横丁

塚一郎氏だ。手塚氏は、古くてさびれたハーモニカ横丁に、１９９９年に人気カフェ「ハモニカキッチン」を開店したのを皮切りに、今では焼鳥屋、寿司屋など10店舗を経営するまでになった。手塚氏がいなければ、ハーモニカ横丁はシャッター通りになるか、つまらない店が進出するか、最悪の場合は地上げされて、つまらないビルになったであろう。

リノベーションの時代

住宅でも、１９８０年代以降ワンルームマンションが増えたが、30年経ってみると、かなり都市の不良資産になっている。当時は風呂と洗面台が付いているというだけで、古いアパートよりもぐっと生活水準が上がったように感じたが、今となっては、風呂とトイレと洗面台が狭苦しい空間に押し込められた3点式ユニットバスしかないワンルームマンションなど誰も住みたくない。そのため、非常に空き家が多いようだ。それよりも古い住宅をリノベーションしたほうが、よほど若い世代にとっては魅力的なのである。逆に言えば、リノベーションがこれほど急速に人気を増したのは、いかに魅力的な賃貸住宅がないかということなのだ。

今回のアンケートでも、「最近、安い中古戸建て住宅や中古マンションなどを買って、自分が好きなように住居をフル改装する『リノベーション』というものが流行り始めていますが、あなたはそういう『リノベーション』をして住みたいと思いますか」という質問に対して、住みたいと「思う」が4・5％、「少し思う」が19・3％であり、合計で23・8％であった（表6－4）。昔なら何の疑問もなく新築住宅を買っていたはずの人々が、今や潜在的には4人に1人が、中古住宅をリノベーションしたいと思っているのである。

しかも年齢別で見ても、リノベーションへの関心は50代でも23・4％あり、60代ですら2割近い。ほとんど年齢差はないのである。

ということは、30～40代で中古マンションをこれから買う人だけでなく、50～60代ですでに持ち家一戸建てを持っている人が、自分の家を単に買い替えたり、中途半端な従来型のリ

中高年でも2割がリノベーションに関心あり

表6−4　中古住宅をリノベーションをして住みたいと思うか

（%）

	全体	20〜29歳	30〜39歳	40〜49歳	50〜59歳	60〜69歳
思う	4.5	5.5	5.2	3.8	4.5	3.4
少し思う	19.3	20.4	21.3	20.4	18.9	15.4
あまり思わない	21.5	18.6	21.3	21.8	22.8	23.5
思わない	22.9	16.2	17.6	21.9	24.8	34.6
すでに住んでいる	0.9	0.3	0.5	1.1	1.4	1.5
わからない	30.8	39.1	34.2	31.0	27.7	21.6

資料:カルチャースタディーズ研究所「東京圏調査」2011年

フォームをしたりするのではなく、本格的なリノベーションをする可能性が拡大しているということである。

特に、20〜30代の子ども世代が同居している場合は、第4章でも触れたように子ども世代とずっと住むことを念頭に置き、子ども世代の意向を受けて本格的なリノベーションをする可能性がある。子どもがいないなら、自分の老後のことだけを考えて、バリアフリーの改装さえしておけばいい。しかし、第4章で述べたように、子どもがまだいる、たとえ独立していても、いつか戻ってくるかもしれないということを想定するなら、親としては、自分の趣味だけでありきたりのリフォームや増改築や新築をするのではなく、子どもの趣味も反映して、徹底したリノベーションをするほうがいい。

空き家率が40％になり、東京圏に限界集落が増える！

しかし、自分の家をかっこよくリノベーションできたとしても、その周辺の環境が悪くては意味がない。隣の家はボロボロ、その隣は空き家、そのまた隣は庭に雑草が生い茂るというのでは、自分の家の資産価値も下がる。

重要なのは、住宅地全体をリノベーションすることであり、それに先だって、まず住宅地を住民自身が主体となって維持・管理することが常識になっていかなければならない。

本書冒頭に述べたように、すでに東京圏でも全住宅の12％が空き家である。賃貸住宅も地域によっては20％以上が空室だ。

団塊ジュニアの住宅取得がほぼ完了しつつある今となっては、新規に部屋を借りたり買ったりする人は、おそらく減り続けるしかない。

となると、どうしても長期的にはますます空き家が増え続けることになる。第1章でも紹介したが、２０１０年に13％だった日本の空き家率が、２０３０年には43％になるという予測も出ているほどなのだ。

全国平均で43％だから、住宅地によっては10％も空き家はないが、別の住宅地では60％が空き家ということもありうる。これはもう、ほぼゴーストタウンである。実際、かつての日本住宅公団（現・ＵＲ都市機構）の団地でも、築40年ほどの古さだと、すでに3割近くが空室になっている。

１００戸あった家が70戸とか60戸とかになれば、そこで商売をしていた商店は採算が合わなくなり、撤退する。すると残された家の住民は、日常の買い物にも不自由することになる。地方の限界集落のような状態が、東京圏でもいたるところで出現するのだ。

クズの山を宝の山に変えるには、住宅地マネジメントが必要

では、空き家率が4割になり、雑草がぼうぼう生え、隣の家がボロボロに朽ち果てていく様を、ただ呆然と見ているしかないのか？（63ページ参照）

自分がせっかく買った家が３００万円でしか売れないほどのクズ同然の物件になっても、ただそこにじっと住み続けるしかないのか。早急に手を打たなくてはならない時が来ている。実は、クズの山は宝の山に変えられるし、変えなければならない。いや、本当のクズになる前に始めなければならない。

この点については、『住環境マネジメント──住宅地の価値をつくる』（学芸出版社、２０１１年）の著者で、明海大学教授の齊藤広子氏の提言がとても参考になる。齊藤氏は、住宅地の維持管理、すなわち「住宅地マネジメント」を長年研究されている方だ。齊藤氏の論文「住宅地の再生、本格的に新たなスキームが必要」から引用しよう。

このように、放っておくと住宅地が劣化してしまうのは「第1に、空間のつくり方が間違っていた。時代の変化に耐えうる空間のゆとり、多様な世代が住める多様な居住の場がなく」、「まちに必要な『働、学、憩、農』の機能をつくらなかった」。つまり、若い核家族が永遠に、入れ替わり立ち替わり住宅地に住むという想定がされていたのである。

「第2に、住宅地をマネジメントする主体がなかった」。「開発業者はつくることが仕事で、行政は移管された道路や公園を決まった方法で管理する。住民は何かあれば、行政に文句をいうだけである。」つまり「だれも住宅地をマネジメントしてこなかった」。そもそも「マネジメントの発想がなかったのである」。

マネジメントの発想がなかったのはなぜかを私なりに考えると、第1はやはり、住宅地には永遠に若い核家族が入れ替わり立ち替わり入居してきて、その都度新しい家に建て替えて住むとでも想定されていたからであろう。

第2に、そもそもマネジメントは面倒くさく、かつもうからないからである。開発業者は売り逃げだけをしていたほうがもうかるのである。

第3に、住民自身が住宅を私有財産とだけ見なしていたので、住宅地という共有財産の中の一部だと考える視点がなかった。住宅の維持管理は、住人自身が個人的に行ったし、行わなくてもよかった。だから、住宅はどんな外観に改装してもよかったし、その外観が街並みを壊しても平気だった。また、維持管理をさぼって家がボロボロのお化け屋敷のようになっても、私有財産だからどうなっても住人の自由であると考えられた。

第４に、家が多少ぼろくても、人口が増え、世帯が増えていた時代なら、家を売ることも貸すこともできたからであろう。

ひとことで言えば、高度経済成長時代の人口の都市集中と、郊外への居住地拡大のトレンドの中では、住宅をマネジメントする必要性が意識されなかったのである。

オールドタウンをゴールドタウンへ

では、住宅地マネジメントとは何をするのか。齊藤氏によれば「居住性の再生、資産価値の再生」である。具体的には、変化した時代に対応した機能をつくり出していく。たとえば空き家は「働く場・学べる場・憩いの場」にし、空き地は農地に転換する。

次に、住宅の利用者を新たにつくりだす。たとえば空き家になった戸建てを若者向けにシェアハウスにする。

第３に、住宅地マネジメントのために、行政、個人、地域の役割をあらたにつくり出す。

マネジメントする主体は、基本的には地域住民であり、マネジメントのためにＮＰＯなどの組織をつくる。

アメリカでは、ＨＯＡ（ホーム・オーナーズ・アソシエーション）という持ち家の所有者からなる組織がつくられ、専門業者にメンテナンス事業を委託しながら、住宅地の質、資産価値を維持・向上させているが、日本にもこうした組織が必要である。これが齊藤氏の主張であり、私も氏の主張に全面的に賛成である。

本書でも冒頭から述べてきたように、今後の日本はどんどん高齢化し、人口が減少する。ニュータウンが30年経ったら、オールドタウンになるのだ。オールドタウンになり、空き家が増えるばかりの日本の住宅地では、この空き家／空き地をどうしていくかが非常に重要である。

放っておけば誰かが不法に住みつくかもしれないし、家の中でよからぬことをする人間も出てくる。空き家の放火事件も起きている。空き地も、放置すれば草ぼうぼう。

いくら自分の家だけきれいにしても、まわりにそんな空き家や空き地があったら、自分の家の資産価値も下がり、クズ同然になり、住宅地全体もオールドタウンからさらにゴーストタウンになる危険がある。

しかし、しっかりとしたマネジメント組織をつくり、住民が主体的に空き家／空き地の活用方法を考えていけば、クズの山は宝の山になり、住民にとって今よりもすばらしいゴールドタウンになるだろう。いや、ゴールドタウンにしなければならない。

空き家、空き地の活用方法

齊藤氏が空き地の活用方法として提案していることを踏まえ、私なりに肉付けして整理すると以下のようになる（図6－1、2および64ページ参照）。

（1）**災害時の拠点**　耐震性のある建物を建て、そこに備蓄をし、井戸を設置し、自家発電を用意する。

（2）**カーシェアリングの拠点**　オールドタウン化した住宅地では、高齢者がマイカーを手放すケースが増える。しかし、まったくクルマが利用できないのも不便だ。コミュニティバスでもよいが、しばしば財政を圧迫する。できれば、地域ごとにカーシェアリングをしたほうが便利である。運転ができなくなった高齢者を、まだ運転ができる比較的若い住民がクルマに乗せて用を足せるようにする。

（3）**地域のＮＰＯなどの拠点**　カフェ、学ぶ場、働く場にする。

①住民が何げなく集まって茶飲み話ができるコミュニティ・カフェ。カフェで出す料理は、住民の中で料理が好きな人が行う。お酒も少しくらい飲める場がよい。

②住民自身が講師となって自分の得意なことを話したり、教え合えたりするコミュニティ・カルチャー教室。もちろん外部から講師を招いてもよい。

③住民同士で困ったことを助け合うために便利屋などのコミュニティ・ビジネスを創設し、簡単な大工仕事、模様替え、庭の手入れなど、様々な生活ニーズに応えるために住民自身が働き、いくばくかのお金を得られる場とする。

（4）**若者向けシェアハウス**　空き家をリノベーションして、若者が住むシェアハウスをつくる。改装自体を若者に任せたほうが若者自身もよろこぶし、経費削減にもなる。若い住民が地域に増えることは、高齢化した住民にとってもよろこばしいことであり、前述したコミュニティ・ビジネスの運営などにも若者が参加したほうがうまくいくだろう。

（5）**シェアオフィス**　空き家をリノベーションして、地域の住民が会社に行かずに仕事をしたり、フリーランサーが仕事をしたりするために、月単位ではなく時間単位で借りられる仕事場をつくる。郊外にも空き家が増えるが、いくらリノベーションしても、居住用だけでは空き家が余るだろうから、オフィスとしても使うことには意味がある。

（6）**市民農園**　食の安全性が重視される時代において、空き地を使って緑豊かな農園、菜園をつくる。また、花壇、小公園、ドッグランなどもつくる。そこに様々な住民が集まるから、住民同士の交流の場所にもなる。子どもの食育にも効果的。緑が増え、環境も向上する。

以上の提案で共通しているのは、次のような変化である。

（1）職住分離から職住近接、職住一致へ
（2）住宅だけのベッドタウンとしての住宅地から、商業、オフィス、文化、農業などが混在した新しい都市的住宅地へ
（3）30〜40代の子育て期の核家族だけの住宅地から、若者、高齢者、単身者など、多様な世代の多様な形の家族が混在した街へ
（4）私生活主義中心のライフスタイルから、パブリックでシェア的なライフスタイルへ
（5）行政まかせから、住民の街づくりへの主体的な関与へ

市民の力

その他にも様々な活用方法が考えられる。行政が一律に一般的な活用方法を適用していく

のではなく、住民自身がそれぞれの地域の特殊性、ニーズにそって活用方法を考え、住宅地を自分たちの力で魅力的な場所に変えていくことが重要である。

齊藤氏は「地域自らが必要な施設やスペースを保有し、管理し、必要に応じて空間も利用の仕方も再生する」「地域自らで必要なサービスを提供する」「地域自らで空き家や空き地を有効活用し」「土地をコントロールする」ことを総合的に行うことが住宅地マネジメントであると言う。

では、住宅地マネジメントを行う組織をどうつくるか。これが非常に重要であるが、「住民主体方式」「地主組合方式」「民間不動産会社活用方式」「地域における既存組織の連携方式」があると齊藤氏は整理する。

私が最も重要だと思うのは、1番目の「住民主体方式」である。これは、マンションの管理組合のようなものをイメージすればよい。新規に住宅地を開発した時に最初から住民全員参加型の住宅地マネジメント組織をつくっておけばよいが、多くの場合は既存の住宅地にそれをつくらないといけない。そこで、既存の住宅地でも住民全員参加型の住宅地マネジメント組織をつくる方法を整備する必要があると齊藤氏は言う。

「たとえば地域住民の5分の4以上の合意があれば、組織設立を」「住宅地再生組織として」

図6−1　住宅地の再生のイメージ1

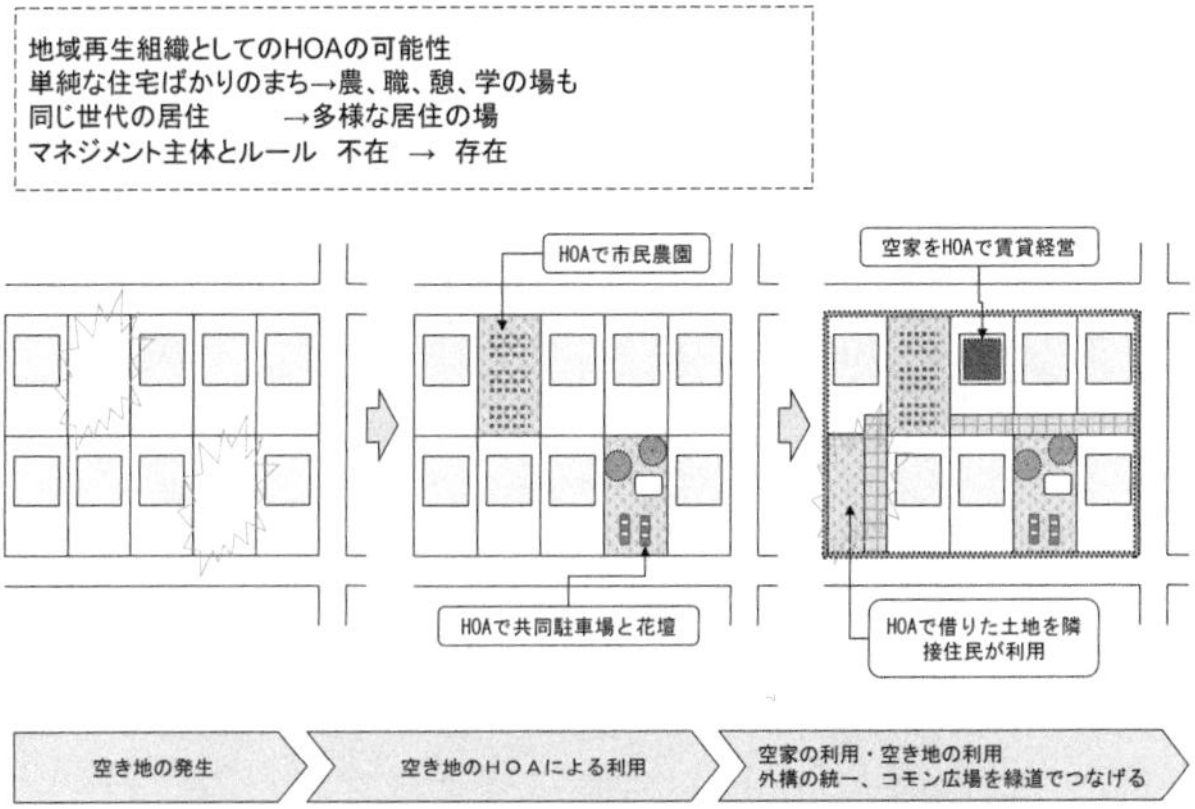

図6−2　住宅地の再生のイメージ2「さらに、エリアを広げていく」

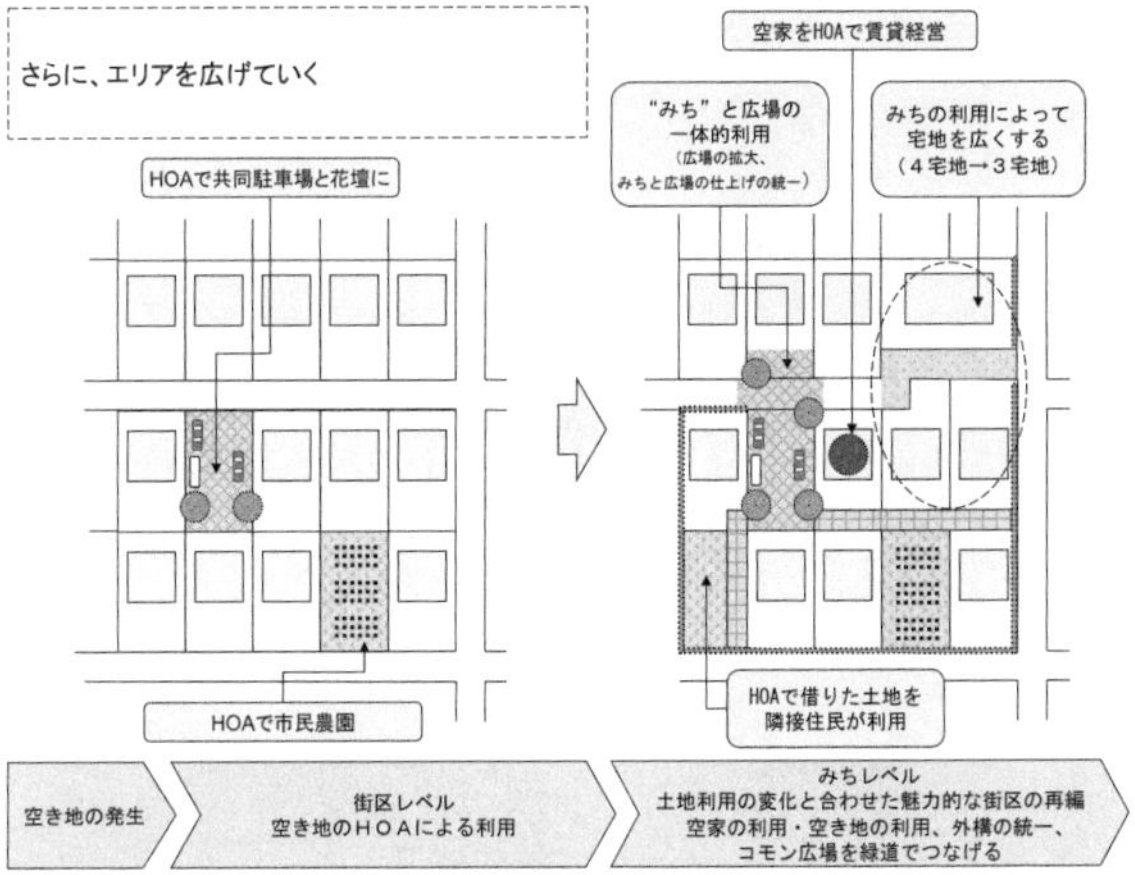

出典:齊藤広子「住宅地の再生、本格的なスキームが必要」(住宅生産振興財団『家とまちなみ』64号)

「組織の運営や土地利用・建築などのルールも併せて」「地方自治体に申請し、認可される」ようにすればいいという。「組織は法人格をもち、不動産の所有・管理、そして必要に応じては私有財産の買い取り請求や補償を行うなど、再生に向けてのあらたな公共づくりの主体となる」。

こうした住宅地マネジメントを先駆的に行ってきた住宅地が、山万株式会社が40年以上前から千葉県佐倉市に開発してきたユーカリが丘である。山万の社員のほとんどがユーカリが丘に住んでいるため、住民のニーズを素早くキャッチして、住宅地に関する課題はつねに迅速な改善策をとることができる。保育園、学童保育、高齢者福祉施設、市民農園、あるいは警備組織なども山万自身がつくり、運営している。

また、子どもが独立して夫婦2人だけで住んでいる住宅を山万が好条件で買い取り、リノベーションして、間取りも現代風に変え、若い世代に向けて新築よりも安く販売し、老夫婦は駅近くの山万の分譲マンションに引っ越してもらう「ハッピーサークルシステム」という住み替え制度を構築している。これによって、住民が何歳になってもユーカリが丘内で住み続けられるようにするとともに、新たに若い世代を取り込むことで、オールドタウン化を防いでいるのである。

今後、ディベロッパー、ハウスメーカー、不動産販売会社、不動産管理会社などが、山万に学んで「第四の消費社会」的な、人をケアし、人をつなぐ事業を展開していくことが望まれるだろう。

市民、企業、行政の協力

また、空き家／空き地の活用において問題となるのは、その空き家／空き地の所有権は誰にあるのかという問題である。隣の家が空き家になったら、お金があれば個人が買い取って、そのまま物置として使うなり、壊して新築するなり、更地にして庭にするなりすればよい。50坪の土地いっぱいに建った住宅が、隣の家を更地にして50坪の緑豊かな庭のある家になれば、ようやく日本にも本格的な田園郊外ができるかもしれない。

隣の家を買えるほどのお金のある人は少ないので、そういう例はあまり増えないだろう。また、個人が買い取って自分の好きなように活用してしまうと、地域全体として必要なものはできない。それどころか、住宅地全体の景観を破壊するような建物を建てるかもしれないし、ドーベルマンのようなどう猛な犬をたくさん飼って、庭に放し飼いにするなどという非常識なことをする人がいないとも限らない。

かといって、行政が買い取って、ありきたりの公園や施設ができてもあまり意味がないし、そもそも行政にはもはや買い取る財力はあまりないだろう。

となると、やはり、住宅地マネジメント組織が空き家／空き地を所有者から借りて（おそらく買う財力はない）、住民全体のニーズに即した公共的な活用方法を考えたほうがいい。

その際重要なのは、市民、企業、行政が互いに協力し合うということである。これまでは、企業は住宅地を開発し、住宅を建て売り分譲し、売りっぱなしで終わった。住民は家を買ってしまえば、もう自分の私有財産だから、何をどうしても（しなくても）自由であった。だから、緑豊かな庭ができる家もあれば、住宅も庭も荒れ放題の家もあった。住宅地に何か問題があれば、たとえば道路に穴があけば、役所にクレームの電話を入れればよかった。隣の家の騒音がうるさいという場合ですら、役所や警察に電話して何とかしろと言うのが普通であった。

そこには住民自身が自分の家を自分自身で主体的に管理するという態度が希薄だった。まして住宅地全体となると、買いっぱなしで行政まかせだったのである。人口が増え、住宅への需要が拡大し続けていた時代には、それでも何とかうまくいったのである。

しかし今後、人口が減少していけば、魅力のない住宅は売ることも貸すこともできず、自分の子どもですら相続をしない。そうした住宅が多い住宅地は確実にゴーストタウンになっていくだろう。

これからの住宅地は、そうであってはならない。住民が主体的に自分の住宅地を何とかしようと思い、行動しなければならない。しかし、住民だけでは経済力がない。法律知識もない。もちろん、具体的な管理も全部自分たちだけではできない。

そこで、専門的な住宅地管理会社が必要になる。マンションの管理と同様、管理組合が自主的にマンションを管理するのだが、自分たちができないことは、管理会社に委託費を払い、具体的な管理業務をしてもらう。だが、管理費をあまり高く払いたくなければ、自分たちでできることは自分たちでやることになる。これからは定年を迎えた中高年が住宅地に増えるから、生きがいを持つという意味でも、彼ら自身が主体的に管理業務をするほうがよいのである。傷んだ道路だって、行政に頼まずに住民が修理してもいいのである。行政は財政難だから、そのほうが望ましいであろう。

行政としては、様々な規制緩和をしていくことが望まれる。住宅地の中に住居以外の店舗などができることは都市計画法では規制されているが、住民自身が望む施設であれば、住宅地の中に、先述したようなオフィスでも物販店でも飲食店でもギャラリーでも福祉施設でも増えていっていいはずである。

行政自体が、税金でそれらの施設をつくろうとすると、すべての施設が画一的になる。また、ある年度には各地域に特定の施設がたくさんつくられるが、別の年度になるとまったくつくられなくなるといった弊害がある。それよりも、住民自身がそれぞれの地域の特性に応じて、今現在必要なものをつくるようにしたほうが、住民の満足度は上がるであろう。

住民全体の利益になるものとして使われれば、空き家／空き地の所有者も、思い入れのある土地や家が見知らぬ誰かの手に渡ったり、裁判所差し押さえ物件になったりするよりはうれしいだろう。いくばくかの借地料が懐に入るというメリットもある。

不動産価格が上昇している時代には、家はどんどん売られていき、結果として住宅地全体としてはちぐはぐな、バランスの悪いものに劣化していった。

しかし今後は、不動産価格が低下し、売ってももうからない時代だからこそ、不動産をコミュニティ全体のために活用するという選択肢が可能になるのである。すぐれた住宅地マネジメント組織が、オールドタウンからゴーストタウンになる危機に瀕した住宅地をゴールドタウンに変えていくなら、日本の住宅地の未来は明るくなっていくであろう。